Rezepte meines Lebens

Senta Berger

Rezepte meines Lebens

Brandstätter

Bildnachweis:
© IMAGNO/Archiv Hajek: 167; IMAGNO/Barbara Pflaum: 77, 137; IMAGNO/Interfoto: U4 rechts unten,
13 unten, 14 oben, 26, 55, 106, 120, 123, 206; IMAGNO/ONB: 11 unten, 14 unten; IMAGNO/SZ Photo: 98, 164;
IMAGNO/Ullstein: U4 links unten, 2, 13 oben, 15 oben, 15 unten, 62, 115, 163, 176
Alle anderen Fotos © Harald Eisenberger und Archiv Senta Berger

Bibliografische Information der Deutschen Nationalbibliothek
Die Deutsche Nationalbibliothek verzeichnet diese Publikation in der Deutschen Nationalbibliografie;
detaillierte bibliografische Daten sind im Internet über http://dnb.d-nb.de abrufbar.

2. Auflage

Fotografie: Harald Eisenberger
Rezeptbearbeitung & Foodstyling: Oliver Hoffinger
Styling: Rike Hemedinger
Grafische Gestaltung & Lektorat: Büro Hamtil
Reprografie: Harald Eisenberger & Birgit Hofbauer
Gesamtherstellung: Grasl Druck & Neue Medien, Bad Vöslau

Der Verlag dankt Erwin Hölzl, dem Café Landtmann, Frau Kuczera vom Kräuterstand am Naschmarkt,
dem Theater in der Josefstadt sowie Lydia Fuis, Gerald und Kornelia Hemedinger,
Franz Peter Karner, Arthur Quehenberger, Peter Schindler und Gabi Weiss für ihre Unterstützung.

ISBN 978-3-85033-388-7

Christian Brandstätter Verlag
GmbH & Co KG
A-1080 Wien, Wickenburggasse 26
Telefon (+43-1) 512 15 43-0
Telefax (+43-1) 512 15 43-231
E-Mail: info@cbv.at
www.cbv.at

An den Rezepten dieses Kochbuches lassen sich auch die Stationen meines Lebens ablesen. Jedes Rezept eine Erinnerung.

Hommage an die Frauen in meinem Leben

Meine Großmutter hatte beim Kochen immer eine Schürze um. Das war für ihre Generation selbstverständlich. Die langen Schürzen waren weiß oder schwarz aus Baumwolle. In den großen aufgenähten Taschen steckten zu jeder Jahreszeit Kräuter – frisch oder getrocknet: Koriander, Basilikum, Rosmarin, Thymian.
Meine Großmutter stammte aus Ungarn, mein Großvater aus Tschechien. Beide haben fast ihr ganzes Leben in Wien verbracht, aber auf der Zunge trugen sie noch immer den Geschmack ihrer heimatlichen Küche.
Und danach wurde auch gekocht.
Mit viel Knoblauch, Zwiebeln und Paprika, mit Kümmel und Pfeffer, mit Schmalz und Butter.

Wenn ich als kleines Mädchen meine Großeltern in ihrer Wohnung besuchte, roch es schon im Stiegenhaus „nach Omama" – wie ich sagte. Kleine, feine Geruchswölkchen schwebten aus ihrer Küche, deren Fenster nicht nach draußen ging, sondern auf den Gang, also auf den Hausflur, und zogen sich durch das Treppenhaus. Meine Großmutter kochte fast täglich mit Knoblauch. Nur am Freitag nicht – da gab es eine ihrer köstlichen Süßspeisen, wie Palatschinken mit Marillenmarmelade oder Topfenknödel mit Zwetschkenkompott oder hauchdünn ausgewalkten Apfelstrudel mit sauren Äpfeln aus dem Garten, vielen Rosinen und Nüssen – ach, wie das duftete!

Aber berühmt war meine Großmutter für ihre Suppen! Meine Mutter, die sich mit ihrer Schwiegermutter nicht besonders gut verstand – es einte und trennte sie die gemeinsame Liebe zu meinem Vater –, kochte Omamas Suppen ein Leben lang nach. Mit einem schmalen Lächeln gab sie mir die in Sütterlin handgeschriebenen Rezepte weiter und sagte: „Kochen hat's ja wirklich können, die Oma …" Die weiteren Gedanken blieben unausgesprochen im Raum hängen.

Meine Großmutter hatte schöne weiße, zarte Hände. Sie war Schneiderin. Und ein wenig eitel war sie auch. Beim Kochen trug sie oft ein Haarnetz, um die ondulierten Wellen über dem Kochdampf in Form zu halten. Nach jedem Zwiebel- oder Knoblauchschneiden zerrieb sie mit ihren Fingern die duftenden Kräuter in ihrer Küchenschürze. Das war ein unvergleichlicher Geruch. Vor dem Mittagessen wusch und bürstete sie ihre Hände, aber ein kleiner grüner Schimmer blieb immer um die Nägel herum zurück.
Manchmal nahm sie mich mit zum vormittäglichen Einkauf. Wir gingen die Ungargasse hinunter über die Lastenstraße zu den Markthallen. Ich war ein

Meine Mutter

Niemals vergesse ich die Stimmung, die in diesen Markthallen herrschte. Ein Stimmengewirr von österreichischen Dialekten.

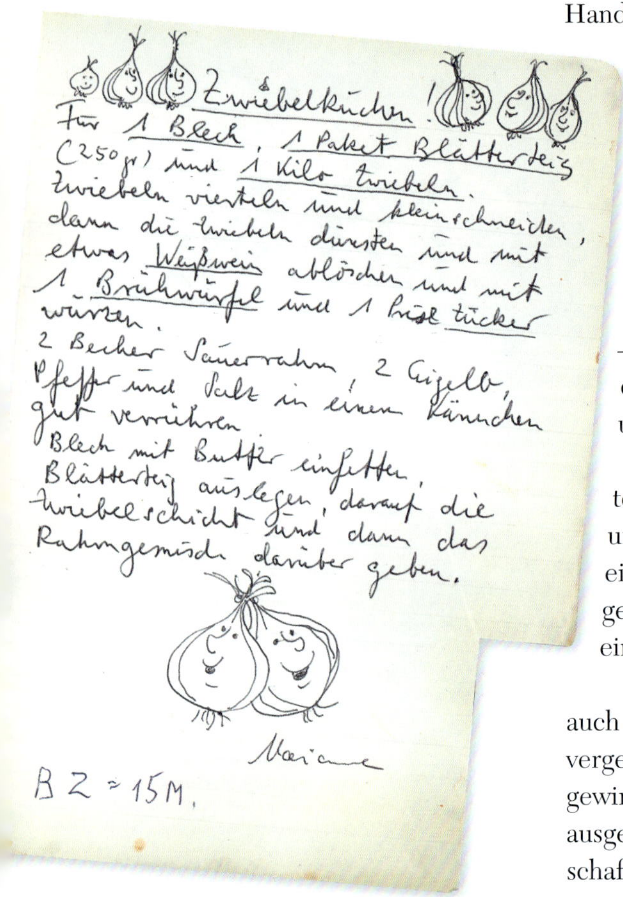
Zwiebelkuchen!
Für 1 Blech, 1 Paket Blätterteig
(250 gr) und 1 Kilo Zwiebeln.
Zwiebeln vierteln und kleinschneiden,
dann die Zwiebeln dünsten und mit
etwas Weißwein ablöschen und mit
1 Brühwürfel und 1 Prise Zucker
würzen.
2 Becher Sauerrahm, 2 Eigelb,
Pfeffer und Salz in einem Kännchen
gut verrühren
Blech mit Butter einfetten,
Blätterteig auslegen, darauf die
Zwiebelschicht und dann das
Rahmgemisch darüber geben.
Marianne
BZ = 15 M.

sehr lebhaftes Kind, hüpfte und sprang um sie herum, bis sie meine kleine Hand in die ihre nahm und wie in einem Schraubstock festhielt.

Die Markthallen – was war das für ein Fest! Für alle Sinne! An den Geflügelständen vorbei – es gruselte mich immer ein wenig, wenn ich an den aufgereihten toten Hasen und Hühnern vorübergehen musste – ging es zu Großmutters liebstem Fleischhacker, Herrn Bauernfeind. Herr Bauernfeind schätzte meine Großmutter als erfahrene Köchin, die wusste, was sie wollte. Ich staunte seine blutbefleckte weiße Gummischürze an.

Wenn Geld da war, gingen wir mit einem so genannten „Kavalierspitz“ – dem vornehmsten und teuersten Teil des Rindes – nachhause. Es gab dann einen wunderbaren Tafelspitz mit Gemüse und Erdäpfelschmarren und frisch geriebenem Kren, der mir das Wasser in die Augen trieb.

Wenn das Haushaltsgeld gegen Ende des Monats knapp wurde, brachten wir Innereien nachhause, wie etwa eine Rindslunge, aus der dann ein unvergleichliches „Beuschel“ gekocht wurde. Ich bekam in so einem Fall ein Paar Wiener Würstel, die in Wien unerklärlicherweise „Frankfurter“ genannt werden, ich konnte weder diese noch andere Innereien essen – eine Abneigung, die ich bis heute habe.

Und weiter ging es von der Fleischabteilung zu den Gemüseständen, die auch in schlechten Zeiten mit heimischem Gemüse bunt überquollen. Niemals vergesse ich die Stimmung, die in diesen Markthallen herrschte: Ein Stimmengewirr von österreichischen Dialekten, ein Wienerisch, das heute fast schon ausgestorben ist, und der sogenannte „Wiener Schmäh“, der zwischen Kundschaft, Verkäufern und zwischen den Ständen hin- und herflog.

Mein geliebter Naschmarkt!

Die alten Markthallen am Hauptzollamt gibt es nicht mehr. Aber es gibt den Naschmarkt in Wien. Ein Gang über den Markt erklärt ohne Worte den Satz: Der Balkan beginnt in Wien. Die besten Falafel gibt's bekanntlich am Naschmarkt. Die schönsten Kirschen aus der Türkei, aus Ungarn, Kroatien kann man zuerst am Naschmarkt kaufen – bevor sie dort, in diesen Ländern, angeboten werden. Es ist ein bisschen wie in Paris oder Mailand, wo man den besten Fisch kaufen kann, besser noch als in Nizza oder Genua, die diese großen Städte beliefern.

Meine Mutter

Am Naschmarkt spiegelt sich die Vergangenheit der großen österreichischen Monarchie wider. Zumindest geografisch gesehen war sie groß.

Wie kann es sein, dass ich mich bei Dreharbeiten im Donaudelta in Rumänien oder an der östlichen Grenze Bulgariens immer wieder wohl und zuhause gefühlt habe? Wie kann es sein, dass ein innerer Kompass mich in den Straßen Budapests wie selbstverständlich zurechtfinden ließ? Es liegt wohl an der Architektur meiner Heimatstadt, die ich als Kind aufgenommen habe. Der fast gleiche Grundriss von Wien im fernen Plovdiv in Bulgarien genauso wie im nahen Budapest. Es liegt sicher am monarchistisch-bürokratisch verordneten Baustil der öffentlichen Gebäude in den damaligen Kronländern und an ihren Farben: Kaisergelb oder Weiß mit grünen Fensterläden, die ich als heimatlich wiedererkenne.

Dieses heimatliche Gefühl hat natürlich auch mit der Speisekarte zu tun: Das „Andrássy"-Gulyás, der „Esterházy"-Rostbraten, die geliebten Krautfleckerln – wo diese Gerichte auf der Speisekarte stehen, da kann ich keine Fremde sein!

Am Naschmarkt bin ich zuhause. Meine Ballettschule „Dia Luca" war in der Wienzeile Nummer vier. Von meinem sechsten bis zu meinem zehnten Lebensjahr war ich zwei- bis dreimal in der Woche zum Unterricht in dem schönen, herrschaftlichen Haus. Meine Mutter brachte mich natürlich zum Unterricht. Wir stiegen bei der Station Kettenbrückengasse aus der Stadtbahn und gingen über den Naschmarkt. Es war ein kleiner, ein ärmlicher Markt damals, ein paar Jahre nach dem Krieg. In meiner Erinnerung war er dennoch im Sommer eine paradiesische Insel. Im Winter schien mir der Markt ein dunkles Land: Die Stille der frühen Sperrstunden, die geschlossenen Rollbalken der Marktstände, der Tanz der einzeln über den Gängen gespannten Straßenlaternen waren geheimnisvoll.

Heute ist der Naschmarkt ein Bazar. Mitteleuropa lädt ein, stellt sich vor. Der Balkan lässt grüßen. Das ist sehr schön!

Natürlich läuft der „Wiener Schmäh" nicht mehr so wie in den alten Markthallen am Hauptzollamt. Aber es läuft ein „Schmäh", also eine Art Werben um die Kundschaft, es liegt Charme, es liegt Witz in der Luft, die aus diesem ursprünglichen „Wiener Schmäh" gespeist werden. Das Italienische, Ungarische, Rumänische, Türkische, das Balkanische, das Tirolerische, Bayerische – hier ist alles vereint. Die gemeinsame Geschichte und die gemeinsame Speisekarte.

Mir hat es nie an etwas gefehlt

In meinem Elternhaus wurde nicht so deftig gekocht wie in dem Haushalt meiner Großeltern. Unsere Wohnung war winzig. Eine Küche und ein Zimmer. Mein Vater mochte den Knoblauchgeruch nicht, der sich noch lange in den Räumen hielt. Eine Ausnahme ließ er zu: den Schweinsbraten meiner Mutter. Sie war berühmt dafür. Es gab ihn selten.

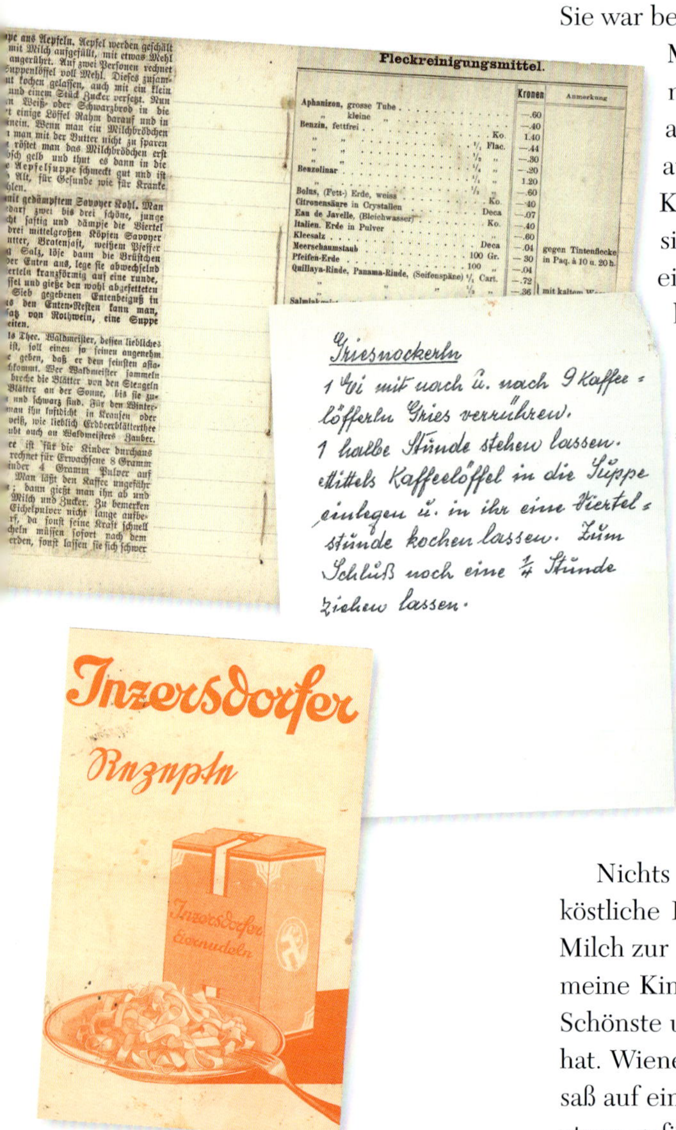

Meine Mutter musste an allem sparen. Es ging uns nicht so gut wie meinen Großeltern. Ich habe das aber nie bemerkt, mir hat es nie an etwas gefehlt. Ich bin mit der so genannten Arme-Leute-Küche aufgewachsen und liebe sie heute immer noch. Was war das für eine Küche? Einmal in der Woche gab es Fleisch. Am Sonntag. Wenn es sich irgendwie ausging, war es der viel gelobte Schweinsbraten. Oder eine gebratene Kalbsnuss. Oder Kalbsschnitzel. Vier Stück. Zwei bekam mein Vater.

Unter der Woche gab es viel Gemüse. Kräuter wuchsen bei uns im Garten. „Geh, Senta, hol' an Petersil und a biss'l an Dill" oder „Geh, Senta, stich an Salat aus, aber vorsichtig!" Das waren meine ersten Aufgaben für den Mittagstisch, auf die ich sehr stolz war. Die Küche meiner Mutter war sehr gesund, obwohl ich nicht glaube, dass sie das wusste. Schmecken sollte es, das war die Hauptsache, auch für wenig Geld. Sie war eine Zauberin. Spinat, Blumenkohl – Karfiol sagen wir in Wien –, Grüne Bohnen – Fisolen heißen sie bei uns –, Karotten, Sellerie, Petersilkartoffeln – das war das immer wiederkehrende Wochen-Potpourri. Daneben gab es immer wieder meine Lieblingsgerichte: Krautfleckerln oder Eiernockerln mit grünem Salat. Der Salat wurde in diesem Fall mit Zitronensaft und Zucker „angemacht", also mariniert. Oder es gab Bröselnudeln mit Zucker und Zimt – Kinderseligkeit!

Nichts wurde weggeworfen. Aus altem Brot und Semmeln wurde eine köstliche Brotsuppe oder eine Semmelschöberlsuppe. Die sauer gewordene Milch zur Buttermilchsuppe. Später lebte meine Mutter in unserem Haus, hat meine Kinder bekocht und sie mit Eiernockerln glücklich gemacht. Aber das Schönste und Unvergessliche war, dass meine Mutter beim Kochen gesungen hat. Wiener Lieder, Lieder aus ihrer Kindheit, Küchenlieder wie „Mariechen saß auf einem Stein, einem Stein … da trat herein der Königssohn …" Wurde etwas gefährlich, drohte die Soße zu verklumpen, der Auflauf anzubrennen, summte sie trotzig dagegen an.

Mit Kirk Douglas in einer Drehpause zu dem Film „Der Schatten des Giganten"

Natürlich hat sich dann später vieles für meine Mutter „Neues" in unsere Küche eingeschlichen. Meine vielen Reisen ins Ausland, unser Leben in den USA und in Italien haben unsere Küche bunter gemacht. Ich brachte Couscous nachhause, kochte dazu – von meiner Mutter höchst misstrauisch beobachtet – mediterranes Gemüse, dessen Namen sie noch nie gehört hatte: „Was soll das jetzt sein, Melanzane?"

Ich wagte mich an Gurkensuppe mit Räucherlachs, wie ich sie im Beverly Hills Hotel gerne gegessen hatte, oder Hühnersuppe à la Hollywood, wie sie Lupita, die Frau meines Agenten Paul Kohner, so köstlich zubereiten konnte.

Hollywood

Aber Hollywood und die Welt, die ich betreten durfte, das kam alles viel später. Erst einmal, kaum meiner Kinderküche entwachsen, begann ich am Theater zu arbeiten. Am Theater in der Josefstadt in Wien. Ich war gerade 17 geworden. Der Sprung von der Schauspielschule ans Theater war riesig, der Schritt von der Kindheit ins erwachsene Leben hart. Ich teilte eine kleine Gaderobe mit einer Schauspielerin.

Sie hieß Melanie Horeschovsky. Das ist eine schöne Geschichte mit Melanie. Sie hätte dem Alter nach meine Mutter sein können und war mir doch bald eine Vertraute, wenn auch eine strenge. Anfangs, denke ich, mochte sie mich nicht. Bald erkannte sie, was hinter all dem Getue der jungen Kollegin steckte: Unsicherheit, Unerfahrenheit, Angst.

Melanie wurde mein großer Schutzengel in diesen ersten alles entscheidenden Jahren am Theater. Melanie war eine kleine, filigrane Person. Unglaublich schick angezogen. Sie war trotz aller Lebensklugheit und Erfahrung – und sie hatte im Krieg Schlimmes erfahren – die Unlogik in Person. Sie hatte Prinzipien, aber nur, um sie über Bord zu werfen, wenn es galt, eine dem Menschen, eine dem Problem besser gerecht werdende Lösung zu finden, die ihren Prinzipien eigentlich widersprach.

Am Anfang unseres Kennenlernens beäugte sie mich kritisch. Ich konnte mit der Zeit ihre Gedanken lesen: zu kurzer Rock, zu enger Pullover, zu hohe Stöckelschuhe. Zu vorlaut, zu spät zur Probe und überhaupt ahnungslos.

Blick vom Stiegenhaus des Hochhauses in der Herrengasse

Im Laufe der Stücke, die wir miteinander spielten, und während wir eine Garderobe teilten, lernten wir uns kennen. Melanie kam öfter mit unglaublich extravaganten Hüten und Seidenturbanen ins Theater. Oft prangte ein feister Fettfleck an der Hutkrempe. Auf meine Frage reagierte sie ärgerlich: „Kochen Sie denn nie vor der Vorstellung?"

Bald gehörte ich zu dem Kreis um Melanie Horeschovsky, der an der Hutkrempe schon erkannte, was es nach der Vorstellung bei Melanie wohl geben würde. Melanie wohnte in dem so genannten „Hochhaus" in Wien, in der Herrengasse. Es steht heute unter Denkmalschutz, Gott sei Dank!

Die Idee der Bauherren war, ein Apartmenthaus zu errichten, nach amerikanischem Vorbild der Zwanziger-, Dreißigerjahre. Gut geschnittene kleine Wohnungen, viele aber ohne Küche! Das Restaurant im obersten Stockwerk sollte schließlich und endlich auch etwas davon haben. Das Resultat war, dass die Bewohner des Hochhauses – viele von ihnen Künstler, denen Improvisation durchaus geläufig ist – auf kleinen Kochplatten, die in einer Abstellkammer oder im Badezimmer aufgestellt wurden, die köstlichsten Mahlzeiten zuzubereiten lernten.

Kochen für die Schauspieler

Manche Schauspieler versuchen, so viele alltägliche Dinge wie nur möglich vor einer Vorstellung zu erledigen. Sie suchen eine Art Erdung. Auch eine Art Ablenkung, Ablenkung von der Angst. Von der Angst, am Abend zu versagen. Es braucht viel Mut, auf die Bühne zu gehen.

Melanie begann kurz, zu kurz vor der Vorstellung zu kochen. Sie war eine wahre Meisterin der Kochkunst auf zwei Kochplatten. Vor dem letzten Aufkochen der Soße, vor dem letzten Aufgießen des Bratens hatte sie meist schon ihren Hut auf und die damals unerlässlichen Handschuhe an, um in Eile und fast immer in letzter Minute ins Theater zu laufen.

Ihre Rezepte für mich sind voller Liebe geschrieben. Vor dem Unterziehen des Eiklars in eine Süßspeise – was war es? Quarktorte? Topfentorte, wie wir sagen? – schreibt sie in ihrer schönen Handschrift: Achtung, Herzi, jetzt nicht nervös werden!
Liebe Melanie!
Ich war also ihr Herzi.

Alles aus Liebe

Und dann, ganz unvermutet und plötzlich – obwohl so plötzlich nun auch wieder nicht, denn Michael und ich hatten nach einem ersten flüchtigen Kennenlernen durch Jahre hindurch immer wieder aneinander gedacht – wurden er und ich ein Paar. Wir saßen in Kaffeehäusern in Berlin und erzählten uns unser Leben. In Michaels Erzählungen kam immer wieder eine „Melanie" vor. Ich wollte es zuerst nicht glauben, aber „seine" Melanie war „meine" Melanie"! Wir waren ihre Herzis.

Melanie war eine langjährige Freundin der Familie Verhoeven. Und im Laufe seiner Jugendjahre eine Vertraute meines Mannes Michael geworden. Eigene Kinder hatte sie nie.

Die schönsten Rezepte verdanke ich Melanie. Die Schauspieler-Rezepte. Die Abnehmrezepte wie die Abnehmsuppe zum Beispiel.

Die Schnellkochrezepte, Speisen, die vor der Vorstellung vorbereitet und danach in den Ofen geschoben werden, wie zum Beispiel die Quiche, der Zwiebelkuchen à la Melanie.

Italienisches Flair

Sie traute sich auch was, schließlich war sie mit ihren Eltern schon immer und zwischen den beiden Kriegen in Venedig gewesen, während die allermeisten meiner Generation erst in den Fünfzigern Italien und die obere Adria entdecken durften.

„Antipasti" – das Wort musste ich erst einmal aussprechen lernen –, aber Melanie bereitete sie schon zu und verwöhnte uns, die Kollegen vom Theater, nach der Vorstellung damit. Sie wagte sich an alles heran. „ Artischocken im Speckmantel", „Tunfisch mit Jungzwiebel-Marinade" – es klang alles verrückt und schmeckte köstlich.

Berlinale 1971

Nach dem Krieg hatten einige Schauspielerinnen, die im Hochhaus wohnten, ein kleines Gemüsebeet an einer windgeschützten Ecke der Piaristenkirche in Wien angelegt. Salat, Tomaten, Bohnen und anderes Gemüse. Nachts musste immer eine Wache schieben. Zum Überleben waren diese Vitamine notwendig. Aber das wussten auch andere, gegen die dieses ärmliche Gemüsebeet verteidigt werden musste. Da stand dann die eine Nacht die kleine Melanie Horeschovsky und die nächste ihre Kollegin Gusti Wolf oder Susi

7
6

Die schönsten Rezepte verdanke ich Melanie. Die Schauspieler-Rezepte.

Oben mit meinen Söhnen Simon und Luca, unten mit Michael

Nicoletti – je nachdem, wer von ihnen Vorstellung am Burgtheater hatte –, um die Krautköpfe zu schützen.

Ich glaube, auch deshalb, nach all den Jahren der Entbehrungen, nach all den Jahren der Ausgrenzung durch den Faschismus, schwelgte Melanie in ihrer Küche in ihrer Kunst, die ihr nun niemand mehr verbieten und die sie sich endlich auch wieder leisten konnte. Für mich, das Mädel aus der Vorstadt, waren Melanies Kochkunst und Wissen eine Offenbarung.

Heute weiß ich, wie geborgen ich aufgewachsen bin, wie beschützt ich als junge Frau war. Ich habe meiner Mutter und ihren Schwestern unendlich viel zu verdanken. Es hat Jahre gedauert, bis aus mir, der jungen Schauspielerin, auch eine gute Hausfrau wurde. Die Frauen in meiner Familie nahmen mir vieles ab, hatten für alles Verständnis und leiteten mich mit viel Geduld.

Tante Elli, die mittlere Schwester der drei tüchtigen Frauen, hatte bei ihren Besuchen bei uns oft noch Hut und Mantel an – wie man so sagt – und fragte schon: „Soll ich euch was backen?"

Sie war die begnadete Bäckerin unter den Schwestern. Ihre Vanillekipferln sind in unserem Gedächtnis fest verankert. Ich spüre noch den Geschmack auf der Zunge.

Tante Greti, die jüngste der Schwestern, war uns – den kleinen Kindern in der Familie – und unseren Wünschen am meisten zugewandt. Sie holte sich vom Eiswagen einen kleinen Eisblock – wer hatte denn damals schon einen Eisschrank, Anfang der Fünfzigerjahre? –, der wurde mit Zucker, Vanille oder Kakaopulver mit Schlagobers durch eine Art Mixer gedreht, ich weiß bis heute nicht, wie sie es gemacht hat. Aber eines weiß ich – dass dieses Eis das köstlichste meines Lebens war! Ich denke oft daran, auch wenn ich mit dem Eisrezept, das ich aus Los Angeles mitgebracht habe, sehr zufrieden sein kann.

An den Rezepten dieses Kochbuches lassen sich auch die Stationen meines Lebens ablesen.

Jedes Rezept eine Erinnerung.

Eine Erinnerung voll mit Gerüchen, Düften, mit Bildern, die stark in mir aufsteigen.

Natürlich ein buntes Durcheinander – wie mein Leben auch war und ist.

Vorspeisen

Eier mit Mayonnaise

Zubereitungszeit: ca. 40–60 Minuten

Zutaten für 4 Portionen:
6 Eigelb
6 EL Weißweinessig
6 EL Speiseöl
1 Msp. Mehl
1 TL Dijonsenf
Salz, Pfeffer
12 Eier
grüner Salat
3 EL Kerbel
Paprikapulver

Die Mayonnaise warm herstellen: Dafür einen Topf mit Wasser aufstellen und eine feuerfeste Schüssel auf den Topf setzen. Eigelb, Weißweinessig, Öl, Mehl, Senf, Salz und Pfeffer über dem köchelnden Wasserbad so lange aufschlagen, bis eine dickliche Masse entsteht.

Die Mayonnaise mindestens eine Stunde lang kalt stellen.

In der Zwischenzeit die restlichen Eier 14 Minuten lang hart kochen, danach abschrecken, schälen und halbieren.

Eihälften auf einer Platte mit grünem Salat anrichten, mit der Mayonnaise übergießen und mit Kerbel und Paprikapulver garnieren.

Das war, so lange ich zuhause wohnte, mein Lieblingsessen am Silvesterabend.

Ja, ich weiß, das alles klingt so nach Frühling und Ostern, vielleicht hat meine Mutter sogar zu Ostern einmal „Eier mit Mayonnaise" gemacht. Ich erinnere mich nicht. Aber ich erinnere mich an einige Silvesterabende, die ich mit meiner Mutter, vielleicht auch noch mit ihrer Schwester oder einer unserer Nachbarinnen, verbracht habe. Meine Mutter kam ja erst gegen sieben Uhr abends von ihrer Arbeit, es musste alles schnell gehen und durfte auch nicht viel Geld kosten. Und es schmeckte natürlich überragend, besser, es schmeckte einfach großartig! Mein Vater fühlte sich zumeist persönlich gekränkt, dass wieder einmal ein Jahr zu Ende ging, und ging schon gegen zehn Uhr seufzend zu Bett. Den Donauwalzer tanzte meine Mutter um Mitternacht mit unserer dicken Nachbarin, der lieben Frau Gärtner, oder mit mir. Die Gläser klirrten in der Kredenz. Ich habe immer die meisten Eier bekommen.

Gurkensalat mit Dill-Lachs

Zubereitungszeit: 25 Minuten/eine Nacht

Zutaten für 4 Portionen:
Für die Marinade:
100 g Dill
Meersalz, Pfeffer
Saft und Schale von 2 Limetten
2 EL Zucker
1 gehackte Chilischote
Olivenöl

600 g Lachsfilet
500 g Salatgurke
Salz, Pfeffer
2 EL Weißweinessig
200 g Joghurt
rosa Pfefferkörner

Dill grob hacken, mit den restlichen Marinade-Zutaten vermischen, Lachs über Nacht in der Marinade ziehen lassen.

Am nächsten Tag die Gurke mit einem Gemüsehobel oder Sparschäler längs schneiden, mit Salz, Pfeffer, Weißweinessig und Joghurt marinieren.
Lachs aus der Marinade heben und in breite Scheiben schneiden. Lachsscheiben in eine feuerfeste Form legen, mit etwas Marinade beträufeln und im vorgeheizten Backofen bei 120° C sechs Minuten lang dünsten.
Mit dem Gurkensalat anrichten, mit rosa Pfefferkörnern dekorieren und mit Marinade beträufeln.

Fisolensalat

Zubereitungszeit: ca. 30 Minuten

Zutaten für 4 Portionen:
400 g Fisolen/grüne Bohnen
1 kleine rote Zwiebel
100 g geräucherter Speck
2 EL Olivenöl
1 EL gewiegtes Bohnenkraut
2 EL gewiegte Petersilie
Salz, Pfeffer
3 EL Weißweinessig
Zwiebelringe zum Garnieren

Fisolen putzen und in Salzwasser knackig kochen. Danach in kaltem, am besten in Eiswasser abschrecken, damit sie ihre kräftige Farbe behalten.
Zwiebel schälen und in kleine Würfel schneiden, Speck ebenfalls in kleine Würfel schneiden.
Zwiebel- und Speckwürfel in einer Pfanne mit Öl anrösten, Fisolenstückchen untermischen, die gewiegten Kräuter dazugeben, salzen, pfeffern und das Ganze mit dem Weißweinessig ablöschen.
Vor dem Servieren den Fisolensalat mindestens zehn Minuten lang marinieren lassen. Mit Zwiebelringen garniert servieren.

Ach, es geht so schnell und schmeckt so gut!

Als Kind habe ich diesen Fisolensalat in einem Einmachglas ins Freibad an der Alten Donau mitbekommen. Oder es kommen überraschend Freunde, man zaubert schnell ein kleines Sommerbuffet im Garten.
Es muss nicht immer der Kartoffelsalat sein. Der Erfolg mit diesem kleinen Rezept ist groß.

Avocado-Grapefruit-Salat mit Shrimps

Zubereitungszeit: ca. 30 Minuten

Zutaten für 4 Portionen:
2 rosa Grapefruits
2 Avocados
150 g Joghurt
Salz, Pfeffer
½ Granatapfel
200 g Shrimps
1 Handvoll Rucola
2 EL Olivenöl

Grapefruits schälen und in zwei Zentimeter dicke Scheiben schneiden, die Scheiben quer nochmals halbieren. Fruchtstücke mit dem Saft, der beim Schneiden entstanden ist, in eine Schüssel geben.
Avocados schälen, entsteinen und in grobe Spalten schneiden, unter die Grapefruitstücke mischen.
Das Joghurt untermischen, mit Salz und Pfeffer würzen.
Die Granatapfelkerne aus dem Granatapfel lösen, mit den Shrimps und dem Rucola unter den Salat mischen.
Mit Olivenöl beträufeln und sofort servieren.

Mit Robert Vaughn in „Spion mit meinem Gesicht"

Spargelsalat mit Oliven

Zubereitungszeit: ca. 25 Minuten

Zutaten für 4 Portionen:
500 g grüner Spargel
100 g Oliven
100 g getrocknete Tomaten
1 Orange
3 EL Olivenöl
Salz, Pfeffer
1 rote Zwiebel
Thymian
Schnittlauch
1 Handvoll Rucola

Den Spargel in Salzwasser knackig kochen, in Eiswasser abschrecken und längs halbieren.
Die Oliven klein schneiden, die Tomaten fein hacken, Oliven- und Tomatenstückchen mit einer Marinade aus dem Saft der Orange, Olivenöl, Salz und Pfeffer vermischen.
Zwiebel schälen, in Scheiben schneiden und dazugeben.
Thymian grob hacken, Schnittlauch schneiden, Kräuter unter die Marinade mischen.
Die Marinade mit dem geputzten Rucola und dem Spargel vermischen, anrichten.

Klar, – das habe ich aus Italien mitgebracht.

Wie so vieles andere. Eine Lebensart, sagen wir, ein gewisser Stil für Wohnen, für Kleidung und natürlich für Essen. Wir lebten zehn Jahre in Rom. Eine unvergessliche Zeit. Sie hat mich geprägt – ohne Zweifel. Das erste Basilikum auf dem ersten aufgeschnittenen, nach Milch duftenden Mozzarella hat der Kellner aus der alten Stadtmauer gezupft, in deren Schutz sich das Restaurant in Trastevere befand. Natürlich versuche ich – wie viele – die „Mittelmeerküche", verbunden mit all den Erinnerungen an den Urlaub in Italien, in meine Küche nördlich der Alpen zu retten. Heute geht das ja auch. Und der Spargel kann auch mal aus der Dose kommen!
Perchè no?

Antipasto di verdure

Zubereitungszeit: ca. 35 Minuten

Zutaten für 4 Portionen:
1 Melanzani
2 Zucchini
1 rote Paprikaschote
1 gelbe Paprikaschote
2 rote Zwiebeln
3 EL Olivenöl
Salz, Pfeffer
2 Knoblauchzehen
1 Rosmarinstämmchen
4 EL Balsamico-Essig

Melanzani, Zucchini und Paprikaschoten in circa fünf Zentimeter große Stücke schneiden. Die Zwiebeln schälen und ebenfalls in grobe Stücke schneiden.
Eine Pfanne mit dem Olivenöl erhitzen und das Gemüse scharf anbraten, mit Salz und Pfeffer würzen. Knoblauch schälen und fein hacken, mit dem Rosmarinstämmchen zum Gemüse geben, mit Balsamico-Essig ablöschen.
Die italienische Gemüsevorspeise vor dem Servieren mindestens eine halbe Stunde lang ziehen lassen.

Ein kleines Gericht, –
das großen Eindruck macht!

Man kann die Zutaten vorbereiten, schälen, schneiden, schnipseln. Dann ins Theater gehen – als Schauspielerin auf der Bühne oder als Zuschauer –, anschließend nachhause kommen und das Gericht, bei einem Schluck Rotwein, fertig kochen.
Während es vor sich hinmariniert, kann man sich schon die Schuhe ausziehen, es sich gemütlich machen und dann den Abend ausklingen lassen. Der Theaterbesuch ist nicht obligatorisch.

Artischocken im Speckmantel

Zubereitungszeit: ca. 50 Minuten

Zutaten für 4 Portionen:
Salz, Pfeffer
Rosmarin
250 ml Rotweinessig
1 kg kleine junge Artischocken
300 g Frühstücksspeck
1 Zitrone
Thymian
Petersilie
3 EL Olivenöl

Einen Fond aus Wasser, Salz, Pfeffer, Rosmarin und Rotweinessig zubereiten. Die geputzten Artischocken hineingeben, den Fond einmal aufkochen und vom Feuer nehmen. 20 Minuten ziehen lassen.
Danach die Artischocken trockentupfen und in Speck einwickeln. In eine feuerfeste Form mit in grobe Spalten geschnittener Zitrone setzen, mit Thymian, Salz und Pfeffer würzen.
Form für circa 20 Minuten in den auf 170° C vorgeheizten Backofen geben. Währenddessen Petersilie grob hacken und mit dem Olivenöl vermischen.
Die Artischocken auf eine Platte legen, den Bratensaft mit dem Öl vermischen und über die Artischocken gießen.

Meine Schwiegermutter

Das ist ein Rezept meiner Schwiegermutter Doris Kiesow-Verhoeven.

Sie war Schauspielerin. Eine ganz großartige Schauspielerin, mit einem genauen Ohr für den richtigen Ton. Mit viel Humor und großem Ernst. Natürlich war sie eine begnadete Köchin. Kochen hat ja ganz viel mit Fantasie zu tun und mit Mut. Beides muss eine Schauspielerin haben.
Aus den drei Dingen, die man im Kühlschrank vorfindet, eine Pasta machen! Das heißt kochen können!
Doris, „Mami", hat sich an alles rangetraut. Und so sind wir in den Genuss dieser Garnelen gekommen zu einer Zeit, in der solch Köstlichkeiten nur in den tollsten Restaurants angeboten wurden und Mami sie aus Hamburg per Versand bestellen musste.
Garnelen „à la Mami".

Orangen-Garnelen mit Crostini

Zubereitungszeit: ca. 40 Minuten

Zutaten für 4 Portionen:
8 Weißbrotscheiben
1 Knoblauchzehe
12 geputzte Garnelen
Salz
2 EL Olivenöl
3 Orangen
3 EL grob gehacktes Basilikum
Pfeffer
1 EL Weißweinessig
Basilikumblättchen zum Garnieren

Die Weißbrotscheiben mit der halbierten Knoblauchzehe einreiben und im vorgeheizten Backofen bei 180° C zehn Minuten lang knusprig backen.

In der Zwischenzeit die Garnelen halbieren, salzen und in einer Pfanne mit Olivenöl scharf anbraten. Die Orangen schälen und in Filets schneiden. Die Garnelen vom Feuer nehmen, die Orangen unterheben.

Basilikum unter die Garnelen mischen, salzen, pfeffern und mit dem Weißweinessig marinieren.

Orangen-Garnelen mit Basilikumblättchen garnieren und mit den Crostini servieren.

Tunfisch mit Jungzwiebel-Marinade

Zubereitungszeit: ca. 20 Minuten

Zutaten für 4 Portionen:
4 Tunfischsteaks à 120 g
Salz, Pfeffer
2 Limetten
Olivenöl zum Herausbraten
200 g Jungzwiebeln
1 Chilischote
1 EL Sojasoße
3 EL Olivenöl
2 EL Pignoli

Fischsteaks mit Salz, Pfeffer und dem Saft von einer Limette würzen. Danach in einer Pfanne mit Olivenöl beidseitig zwei Minuten scharf anbraten – nicht länger, sonst wird der Fisch durchgebraten und trocken.
In der Zwischenzeit die Jungzwiebeln längs in Streifen schneiden und mit gehackter Chilischote, Sojasoße, Olivenöl und dem Saft und der Schale der zweiten Limette marinieren.
Pignoli in einer Pfanne ohne Zugabe von Fett rösten.
Den Fisch aufschneiden und mit den Zwiebeln und den Pignoli servieren.

In „Unser Boss ist eine Dame", Neapel 1966

Gefüllte Palatschinken

Zubereitungszeit: ca. 1 Stunde

Zutaten für 4 Portionen:
100 g Mehl
250 ml Milch
4 Eier
Salz, Pfeffer
Olivenöl

Für die grüne Fülle:
80 g Blattspinat
100 g Frischkäse
100 g Schafkäse

Für die rosa Fülle:
200 g Räucherlachs
200 g Frischkäse
3 EL geschnittener Schnittlauch

Aus Mehl, Milch, Eiern und Salz einen glatten Teig rühren, mindestens zehn Minuten rasten lassen. Danach Olivenöl in einer beschichteten Pfanne erhitzen und dünne Palatschinken aus dem Teig backen, Palatschinken kalt stellen.

Für die grüne Fülle den Spinat kurz in Salzwasser kochen, in Eiswasser abschrecken, trockentupfen und fein hacken. Mit dem Frischkäse und dem Schafkäse vermischen, eventuell salzen und pfeffern.

Für die rosa Fülle den Lachs fein hacken und mit Frischkäse und Schnittlauch vermischen, eventuell salzen und pfeffern.

Palatschinken mit den beiden Cremen füllen und eng einrollen. Palatschinkenrollen in acht Zentimeter große Stücke schneiden und servieren.

Was wäre meine Kindheit ohne Palatschinken gewesen!?

Natürlich vornehmlich Palatschinken mit Marillenmarmelade (schon allein das Wort „Marille" ist eine süße, eine zarte Verheißung! Hätte ich eine Tochter gehabt, hätte sie „Marille" geheißen. Ich weiß, das gehört jetzt nicht hierher …).
Gleich, welchen Kinderschmerz es zu lindern galt, das aufgeschundene Knie, die überstandene Mandeloperation, der Schmerz, dass Karli jetzt mit einer anderen „ging" – meine Mutter machte mir Palatschinken.
Erst viel später, ich spielte schon Theater, wagte sie sich an andere Füllungen wie zum Beispiel die von Rosa, einer ihrer Freundinnen, die im Gegensatz zu meiner Mutter auch keine Angst hatte vor dem Wort „Räucherlachs".
Das Wort „Lachs" allein schon klang für meine Mutter nach „Sünde".
Dieses Rezept aber ist eine kleine Sünde wert.

Das Kriegskind im Kinderglück, 1943

Suppen

Geeiste Gurkensuppe mit Räucherlachs

Zubereitungszeit: ca. 20 Minuten/2 Stunden

Zutaten für 4 Portionen:
500 g Salatgurken
250 ml Weißwein
250 ml kalter Gemüsefond (siehe Rezept Seite 126)
500 ml Joghurt
200 g Crème fraîche
1 Zitrone
Salz, Pfeffer
Cayennepfeffer
400 g Räucherlachs
Dill

Die Gurken schälen und in grobe Stücke schneiden.
Weißwein aufkochen, in einer Schüssel den Wein mit Fond, den Gurkenstücken, Joghurt und der Hälfte der Crème fraîche aufmixen. Mit Zitronensaft, Salz, Pfeffer und Cayennepfeffer würzen. Die Suppe mindestens zwei Stunden lang kalt stellen.
Danach die geeiste Gurkensuppe in gekühlten Suppenschalen anrichten und mit Scheiben von Räucherlachs, der restlichen Crème fraîche und Dill servieren.

Einfache Gemüsesuppe

Zubereitungszeit: ca. 40 Minuten

Zutaten für 4 Portionen:
2 Karotten
200 g Stangensellerie
1 Petersilienwurzel
1 Lauchstange
100 g Champignons
100 g Erbsen
2 EL Butter
1 l Gemüsefond (siehe Rezept Seite 126)
Salz, Pfeffer
Suppennudeln
Kräuter

Das geputzte Gemüse in kleine Würfel schneiden (außer den Erbsen) und in Butter anschwitzen. Mit dem Gemüsefond aufgießen und so lange kochen, bis das Gemüse weich ist. Eventuell mit Salz und Pfeffer würzen.
In den letzten fünf Minuten die Suppennudeln mitkochen.
Mit Kräutern garnieren und servieren.

Als italienische Variante kann man 100 g Frühstücksspeck anrösten und mit geriebenem Parmesan und etwas Olivenöl über die Suppe geben.

Einmal in der Woche sollte es Gemüsesuppe geben.

Wenn ich Trennkost halten muss, damit die Jeans wieder gut sitzen, gibt's eben keine „italienische" Variante, also ohne Speck und ohne Parmesan. Auch gut!

Frau Kuczeras Kräuterstand am Naschmarkt

Abnehmsuppe

Zubereitungszeit: ca. 40 Minuten

Zutaten für 4 Portionen:
1,5 kg Weißkraut/Weißkohl
1 EL Olivenöl
500 g Tomaten
1 rote Paprikaschote
1 gelbe Paprikaschote
4 Jungzwiebeln
2 Chilischoten
1 Knoblauchzehe
2 EL Sojasoße
Weißweinessig
2 EL Ketchup
1 EL gemahlener Kümmel
Salz, Pfeffer

Weißkraut in zwei Zentimeter breite Streifen schneiden und in einem großen Topf in einem Esslöffel Olivenöl anbraten.
Tomaten vierteln und dazugeben, zehn Minuten dünsten lassen. Mit Wasser aufgießen.
Paprikaschoten und Jungzwiebeln in Streifen schneiden und ebenfalls dazugeben. Chilischoten und Knoblauch hacken, untermischen.
Die Suppe zehn Minuten lang köcheln lassen, dann mit Sojasoße, einem Schuss Essig, Ketchup, Kümmel, Salz und Pfeffer würzen. Danach weitere zehn Minuten köcheln lassen.
Die Abnehmsuppe schmeckt umso besser, je öfter man sie aufwärmt.

Ach ja! Ach Gott! Immer diese Probleme!

Immer die Sorge im September, wenn das Theater nach der Sommerpause wieder öffnet, nicht mehr in das Kleid vom Mai zu passen. Das „Nein, gnä' Frau, das müss'ma weiter machen" der Garderobiere zu hören … Der Rock, der spannt, der Kameramann, der – sehr diskret, aber dann doch laut – sagt: „Senta, zieh den Bauch ein!"…
Nein, nein … her mit der Abnehmsuppe, deren Rezept von Schauspielerin zu Schauspielerin weitergegeben wird.
Sie schmeckt übrigens ungemein lecker.

Tomatensuppe

Zubereitungszeit: ca. 20 Minuten

Zutaten für 4 Portionen:
12 Tomaten
2 EL Olivenöl
1 weiße Zwiebel
1 Knoblauchzehe
3 EL Tomatenmark
1 l Gemüsefond (siehe Rezept Seite 126)
2 EL Butter
1 EL Mehl
Salz, Pfeffer
125 ml Obers/Sahne
Cocktailtomaten und Kräuter zum Garnieren

Die Tomaten in kochendem Wasser kurz überbrühen, schälen und in Viertel schneiden. Zwiebel und Knoblauchzehe schälen und klein schneiden.
Tomatenstücke in einem Topf mit Olivenöl anbraten, Zwiebel- und Knoblauchstückchen mit Tomatenmark dazugeben, mit Gemüsefond aufgießen.
Butter mit Mehl vermischen und dazugeben, aufkochen lassen.
Mit Salz und Pfeffer würzen.
Obers aufschlagen und in der Suppe servieren. Mit Tomatenhälften und Kräutern garnieren.

Eierschwammerlsuppe mit Liebstöckel

Zubereitungszeit: ca. 30 Minuten

Zutaten für 4 Portionen:
400 g möglichst kleine Eierschwammerl/Pfifferlinge
2 EL Nussöl
1 weiße Zwiebel
1 Knoblauchzehe
1 l Gemüsefond (siehe Rezept Seite 126)
250 ml Obers/Sahne
Salz, Pfeffer
½ Zitrone
1 TL gemahlener Kümmel
Liebstöckel

Die geputzten und gewaschenen Pilze in einem Topf mit Nussöl anrösten.
Zwiebel und Knoblauch schälen, klein schneiden und hinzufügen.
Mit Gemüsefond ablöschen und mit Obers aufgießen, 15 Minuten köcheln lassen.
Danach mit Salz, Pfeffer, dem Saft der halben Zitrone und Kümmel würzen. Mit einem Stabmixer aufmixen.
Liebstöckel grob hacken und auf die Suppe streuen, servieren.

Meine Familie ging immer auf Schwammerlsuche.

Am Sonntag. Ich fand es ganz furchtbar. Erstens mussten wir Kinder in der Familie immer sehr früh aufstehen. Das Motto für den Tag war: Wir müssen vor den „anderen" da sein.
„Da" sein!
Wo?
Irgendwo im Wienerwald. An feuchten Hängen, wo angeblich schon der Großvater und dessen Vater ganze Körbe von Eierschwammerln gefunden und nachhause gebracht hatten. Es stritt sich also der Sohn mit dem Vater, der Neffe mit dem Onkel, meine Mutter mit ihren Schwestern, wer welche Eierschwammerln zuerst gesehen hatte. Es war einfach ganz furchtbar.
Heute gehe ich auf den Markt und hole mir ein Körbchen mit köstlichen Eierschwammerln. Verzeihen Sie, aber das Wort „Pfifferlinge" kann mir in diesem Zusammenhang nicht über die Lippen kommen. Sie verstehen sicher! Es ist eine sehr schlechte Deutung in der deutschen Sprache für etwas so Köstliches, so Weiches, so wunderbar Gefärbtes wie „Eierschwammerln". Schon bei dem Wort „Schwammerl" steigt einem, also mir, ein wunderbarer Geschmack auf. Nach Wald und nach Erde. Ich sehe einen Topf, in dem eine wunderbare Eierschwammerlsuppe auf mich wartet. Ich finde übrigens Nussöl sehr gut für das Rezept. Aber es geht auch mit anderem Öl.

Shiitakepilz-Suppe mit Tofu

Zubereitungszeit: ca. 30 Minuten

Zutaten für 4 Portionen:
2 Karotten
2 EL Sesamöl
1 Chilischote
125 ml Sojasoße
1 l Gemüsefond (siehe Rezept Seite 126)
50 g Erbsen
1 Limette
100 g Shiitakepilze
200 g geräucherter Tofu
70 g asiatische Suppennudeln
Salz, Pfeffer
Koriander

Die Karotten schälen, in kleine Stücke schneiden und in einem Topf mit Sesamöl und der gehackten Chilischote anrösten. Mit Sojasoße und Gemüsefond aufgießen.
Die Erbsen, die in Spalten geschnittene Limette, die Pilze und den in Würfel geschnittenen Tofu dazugeben, zehn Minuten köcheln lassen.
Die Nudeln dazugeben und weich kochen, mit Salz, Pfeffer und gehacktem Koriander abschmecken, servieren.

Hühnersuppe à la Hollywood

Zubereitungszeit: ca. 1,5 Stunden

Zutaten für 4 Portionen:
1, 5 kg Hühnerfleisch (Brust, Keule)
2 EL Butter
2 EL Olivenöl
2 rote Zwiebeln
100 g Süßkartoffeln
100 g Stangensellerie
Salz, Pfeffer
1 Limette
1 TL Kreuzkümmel
200 g Salatgurke
2 EL gehackter Koriander
2 EL gehackte Petersilie

Das Hühnerfleisch in vier Zentimeter große Stücke schneiden und in einer Mischung aus der Butter und dem Olivenöl anbraten. Mit eineinhalb Liter Wasser aufgießen.
Zwiebeln und Süßkartoffeln schälen, in grobe Stücke schneiden und in die Suppe geben. Sellerie in fünf Zentimeter große Stücke schneiden und ebenfalls dazugeben. Dreißig Minuten köcheln lassen.
Danach die Suppe mit Salz, Pfeffer, Limettensaft und gehackter Limettenschale sowie Kreuzkümmel würzen. Eine weitere halbe Stunde lang köcheln lassen.
Die Salatgurke in kleine Würfel schneiden, mit den gehackten Kräutern in die Suppe geben und zehn Minuten ziehen lassen, servieren.

Mit Kirk Douglas in „Der Schatten des Giganten"

Mit 22 Jahren ging ich nach Los Angeles.
Also nach Hollywood.

Es war ein großer Schritt. Ich weiß nicht, woher ich damals den Mut nahm. Wahrscheinlich aus meiner Unwissenheit. Die ersten Monate waren schwer.
Die neue Sprache. Das Heimweh. Die Einsamkeit. Ja, inmitten all der Aufmerksamkeit, die mir damals zuteil wurde, war ich doch sehr einsam. Die Familien meiner beiden Agenten Paul und Walter Kohner nahmen mich herzlich auf. Das war ungewöhnlich für diese Zeit, 15 Jahre nach Kriegsende. Viele aus der Kohner-Familie waren unter dramatischen Umständen emigriert. Im Salon der beiden Häuser stand natürlich ein Flügel. Walter kannte alle Wiener Lieder. Ich sang, er spielte. seine Frau Hanna kochte. Eine ihrer Köstlichkeiten war ihre berühmte Hühnersuppe.

Liebes-Herzi-Suppe

Zubereitungszeit: 2–3 Stunden

Zutaten für 4 Portionen:
1,5 kg Rindfleisch zum Kochen (z. B. Tafelspitz)
1 kg Rinderknochen
2 Karotten
300 g Knollensellerie
1 Petersilienwurzel
2 gelbe Rüben
2 Zwiebeln
2 Knoblauchzehen
Salz, Pfeffer
2 Lorbeerblätter
Muskat

Die Knochen mit kaltem Wasser in einen großen Topf geben, aufkochen lassen.

Das Rindfleisch dazugeben und wieder aufkochen lassen – das aufsteigende Eiweiß mit einer Schöpfkelle entfernen. Eine Stunde köcheln lassen.

Das Suppengemüse putzen und in grobe Stücke schneiden. Mit Zwiebel- und Knoblauchstückchen und den Gewürzen in die Suppe geben und so lange kochen lassen, bis das Fleisch weich ist.

Die Suppe abgießen und erneut aufkochen, eventuell nochmals würzen.

Melanie Horeschovsky

„Liebes Herzi", schrieb mir Melanie Horeschovsky.

„Herzi" war ihr Kosename für mich, „einmal in der Woche machst du eine Rindfleischsuppe. Die brauchst du die ganze Woche. Einmal mit Nudeln, einmal mit Grießnockerln, wenn du dich d'rübertraust, einmal vielleicht sogar mit Semmelschöberln, das Fleisch servierst du mit Gemüse, und mit der Suppe gießt du das Gemüse auf …"
Ich war eine junge Braut und hatte vom Kochen, vom Haushalt überhaupt, sehr wenig Ahnung. Viele Rezepte und Ratschläge gingen noch hin und her, bis ich es lernte. Das waren schöne und aufregende Jahre …
Ach, liebe Melanie!

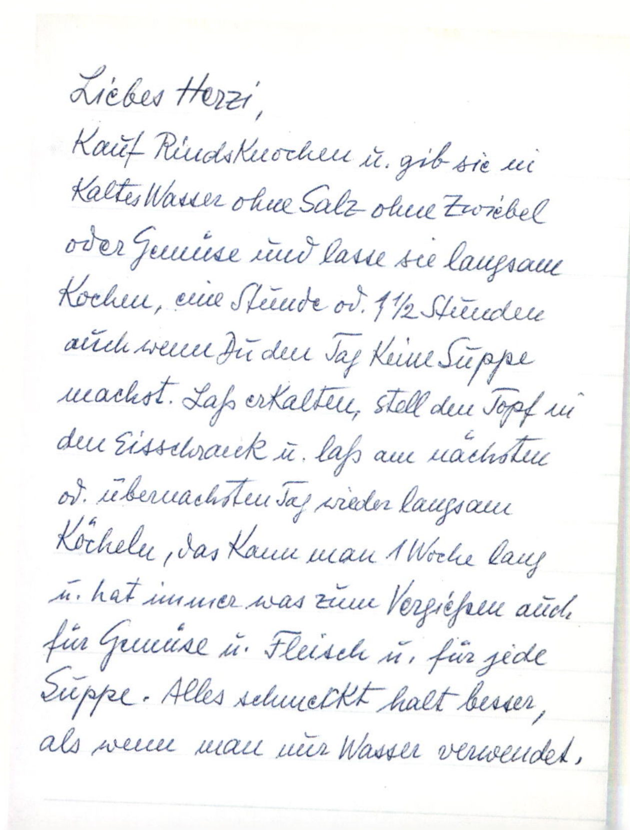

Liebes Herzi,
Kauf Rindsknochen u. gib sie in
kaltes Wasser ohne Salz ohne Zwiebel
oder Gemüse und lasse sie langsam
Kochen, eine Stunde od. 1½ Stunden
auch wenn Du den Tag keine Suppe
machst. Laß erkalten, stell den Topf in
den Eisschrank u. laß am nächsten
od. übernächsten Tag wieder langsam
Köcheln, das Kann man 1 Woche lang
u. hat immer was zum Vergießen auch
für Gemüse u. Fleisch u. für jede
Suppe. Alles schmeckt halt besser,
als wenn man nur Wasser verwendet.

Grießnockerlsuppe

Zubereitungszeit: ca. 1 Stunde

Zutaten für 4 Portionen:
1 Ei
9 TL Grieß
Salz
Muskat
1 l Rindsuppe (siehe Rezept Seite 56)
Schnittlauch

Ei verquirlen und nach und nach den Grieß einrühren. Mit Salz und Muskat würzen und eine halbe Stunde rasten lassen.
Danach mit einem kleinen Löffel Nockerln formen und in die siedende Rindsuppe legen.
Eine Viertelstunde köcheln und eine weitere Viertelstunde ziehen lassen.
Mit geschnittenem Schnittlauch bestreut servieren.

Semmelschöberlsuppe

Zubereitungszeit: ca. 30 Minuten

Zutaten für 4 Portionen:
4 Semmeln/Brötchen
4 EL Milch
70 g Butter
4 Eier
Salz, Pfeffer
Muskat
Petersilie
Butter
Semmelbrösel
1 l Rindsuppe (siehe Rezept Seite 56)

Semmeln in grobe Stücke schneiden und mit der Milch beträufeln. Eier trennen, Butter schaumig rühren, Eigelb untermischen und die ausgedrückten Semmeln dazugeben.
Mit Salz, Pfeffer und Muskat würzen und die gehackte Petersilie untermischen.
Eiweiß zu Schnee schlagen und unterheben.
Feuerfeste Form mit Butter ausstreichen, mit Semmelbröseln ausstreuen und Semmelschöberlmasse einfüllen. Im Backofen bei 170°C 15 Minuten backen.
In gleich große Stücke schneiden und in einer Rindsuppe servieren.

Selchsuppe mit Rollgerste

Zubereitungszeit: ca. 1,5 Stunden

Zutaten für 4 Portionen:
1 kg Geselchtes/geräuchertes Fleisch
1 Lorbeerblatt
5 Wacholderbeeren
Pfeffer
1 weiße Zwiebel
2 Knoblauchzehen
2 Karotten
100 g Rollgerste
4 EL Sauerrahm/saure Sahne
Salz
Weißweinessig
Petersilie

Einen Topf mit Wasser aufstellen, Geselchtes hineingeben, mit Lorbeer, Wacholder und Pfeffer würzen.
Zwiebel und Knoblauch schälen, grob schneiden und mit der geputzten Karotte in die Suppe geben. So lange kochen, bis das Fleisch weich ist.
Die Suppe abgießen, Rollgerste und einen Schuss Weißweinessig hinzugeben und ziehen lassen, bis das Getreide weich ist.
Etwas vom Fleisch, von den Zwiebeln und von den Karotten klein schneiden und in die Suppe geben. Eventuell mit Salz und Pfeffer würzen.
Nun den Sauerrahm in die Suppe geben, mit Petersilie dekorieren, servieren.

Polentacremesuppe mit Basilikumöl

Zubereitungszeit: ca. 30 Minuten

Zutaten für 4 Portionen:
150 g Polenta
250 ml Weißwein
1 l Rindsuppe
250 ml Obers/Sahne
Salz, Pfeffer
4 EL gehacktes Basilikum
6 EL Olivenöl

Polenta in einem Topf trocken anrösten, mit Weißwein ablöschen und mit der Suppe aufgießen. Aufkochen lassen und Obers beigeben. Etwa zehn Minuten köcheln lassen.
Danach mit Salz und Pfeffer würzen. Fein gehacktes Basilikum mit dem Olivenöl vermischen, eventuell salzen und mit der Suppe servieren.

Mit Mario Adorf auf dem Filmball in München

Buttermilchsuppe

Zubereitungszeit: ca. 25 Minuten

Zutaten für 4 Portionen:
8 Scheiben Weißbrot
1 l Buttermilch
30 g Mehl
Salz
1 Eigelb
1 Msp. Zimt
1 EL Zucker
½ Limette
Minze

Weißbrot ohne Fettzugabe rösten.
Die Buttermilch mit dem Mehl glatt rühren, salzen und rasch aufkochen lassen.
Eigelb mit Zimt, Zucker und dem Saft und der Schale der halben Limette vermischen. Unter die Suppe rühren, nicht mehr aufkochen.
Die Suppe mit den Brotscheiben und der Minze anrichten.

Als wir das Haus auf dem Lande
von Melanie Horeschovsky geerbt hatten, fanden wir große, schwere Porzellantassen im Bauernschrank. Für Kaffee? Man konnte nicht richtig daraus trinken. Der Rand war so breit.
Nein, klärte uns die langjährige Haushaltshilfe von Melanie auf. Das sind kleine Töpfe, also kleine „Häferln“, wie wir in Österreich und in Bayern sagen, aus denen wird „Buttermilchsuppe“ gelöffelt!
Sofort kam mir das Rezept meiner Mutter in den Sinn, die, als echtes Kriegskind – sie hatte ja sogar zwei Weltkriege erlebt, überlebt –, einfach nichts „verkommen“ lassen konnte.
Gut. Danke.
Die Buttermilchsuppe ist köstlich.

Süßkartoffelcremesuppe

Zubereitungszeit: ca. 30 Minuten

Zutaten für 4 Portionen:
300 g Süßkartoffeln
1 Knoblauchzehe
1 Zwiebel
etwas Olivenöl
125 ml Weißwein
1 l Gemüsefond (siehe Rezept Seite 126)
125 ml Obers/Sahne
Salz, Pfeffer
Cayennepfeffer
8 Scheiben Prosciutto
1 Jungzwiebel

Süßkartoffeln, Knoblauchzehe und die Zwiebel schälen und klein schneiden. In einem Topf mit Olivenöl anbraten, mit Weißwein ablöschen und mit Gemüsefond aufgießen.
Nach zehn Minuten Kochzeit Obers dazugeben und mit Salz, Pfeffer und Cayennepfeffer würzen.
Die Suppe mit einem Stabmixer grob mixen.
Prosciutto entweder im Backofen (20 Minuten bei 70° C) oder im Mikrowellenherd (800 Watt, zwischen Backpapier zwei Minuten lang) trocknen, Jungzwiebel in feine Streifen schneiden.
Suppe mit den Zwiebelstreifen und dem Prosciutto servieren.

Kürbiscremesuppe mit Kernöl-Pesto

Zubereitungszeit: ca. 40 Minuten

Zutaten für 4 Portionen:
1 weiße Zwiebel
400 g (Butternuss-)Kürbis
2 EL Olivenöl
125 ml Weißwein
1 l Gemüsefond (siehe Rezept Seite 126)
250 ml Obers/Sahne
50 g Kürbiskerne
3 EL Sonnenblumenöl
2 EL Kürbiskernöl
Salz, Pfeffer
Muskat
2 EL gehackte Petersilie

Zwiebel und Kürbis schälen und in kleine Würfel schneiden, Gemüsewürfel in einem Topf mit Olivenöl anbraten.
Mit Weißwein ablöschen und mit Gemüsefond und Obers aufgießen.
Die Suppe mindestens 20 Minuten köcheln lassen.
In der Zwischenzeit die Kürbiskerne grob hacken und in einer Pfanne trocken rösten. Sonnenblumen- und Kürbiskernöl dazugeben und mit Salz und Pfeffer würzen.
Die Suppe ebenfalls mit Salz, Pfeffer und mit Muskat würzen und mit einem Stabmixer aufmixen.
Kürbiscremesuppe mit dem Kernöl-Pesto und der Petersilie servieren.

Hauptspeisen

Couscous mit mediterranem Gemüse

Zubereitungszeit: ca. 50 Minuten

Zutaten für 4 Portionen:
2 Tassen Gemüsefond (siehe Rezept Seite 126)
2 Tassen Couscous
1 rote Paprikaschote
100 g Tomaten
1 Zucchini
1 Melanzani
1 EL Olivenöl
Salz, Pfeffer
Rosmarin
evtl. etwas Parmesan

Gemüsefond aufkochen, den Couscous mit einem Schneebesen rasch unterrühren und zugedeckt sechs Minuten ziehen lassen. In der Zwischenzeit das Gemüse in gleich große Stücke schneiden und in einer Pfanne mit Olivenöl anbraten. Mit Salz und Pfeffer würzen und mit Rosmarin abschmecken.

Das Gemüse unter den Couscous heben und nach Belieben mit Parmesan servieren.

Fleischlos gefüllte Paprika

Zubereitungszeit: ca. 50 Minuten

Zutaten für 4 Portionen:
8 bunte Paprikaschoten
Butter für die Form
2 weiße Zwiebeln
Thymian
2 EL Butter
300 g Semmelwürfel/entrindetes, in kleine Würfel geschnittenes Weißbrot
125 ml Milch
100 g Parmesan
3 Eier
500 ml Gemüsefond (siehe Rezept Seite 126)
Thymianzweige zum Dekorieren

Die Paprikaschoten kappen und die Deckel auf die Seite legen. Paprikaschoten vom Kerngehäuse befreien und in eine mit Butter ausgestrichene feuerfeste Form stellen.
Zwiebeln schälen und fein schneiden, in einer Pfanne mit Thymian und zwei Esslöffel Butter anrösten. Semmelwürfel dazugeben und mit Milch aufgießen. Den geriebenen Parmesan untermischen und die Eier einrühren.
Die Semmelmasse in die Paprikaschoten füllen, Paprikadeckel draufsetzen, Schoten mit Gemüsefond untergießen.
Feuerfeste Form mit gefüllten Paprika in den auf 170° C vorgeheizten Backofen stellen, etwa 30 Minuten garen.
Aus dem Rohr nehmen und mit Thymian dekorieren.

Gebackenes Steinpilzrisotto à la Michael Heltau

Zubereitungszeit: ca. 1 Stunde

Zutaten für 4 Portionen:
2 Tassen Risotto-Reis
2 EL Butter
250 ml Weißwein
500 ml Gemüsefond (siehe Rezept Seite 126)
250 g Steinpilze
2 EL Butter
100 g Parmesan
4 Eier
200 g Semmelbrösel
Öl zum Frittieren
Kerbel

Den Reis in Butter anschwitzen und mit Weißwein ablöschen. Immer wieder warmen Gemüsefond zugießen, bis der Reis weich ist.
Die Pilze klein schneiden und mit Butter, geriebenem Parmesan und einem Ei untermischen. Kleine Laibchen formen.
Die restlichen Eier verquirlen und die Laibchen in Ei und Semmelbröseln wenden.
Beidseitig in Öl herausbacken und mit Kerbel garniert servieren.

Michael Heltau

In der Zeit vor dem Ansturm des Massentourismus,

der ja eigentlich erst in den sechziger Jahren begann, war Italien wirklich das gelobte Land, die Insel, wo die Zitronen blühten und trotz des Krieges eine gewisse Eleganz erhalten geblieben war, was sich in den Umgangsformen, in der Mode, im Design und – ja, auch – in der Küche ausdrückte.

Michael Heltau, der Schauspieler und Sänger, war ein lieber Freund von Melanie Horeschovsky. Sie waren öfter gemeinsam nach Italien gereist und kamen mit den schönsten Dingen wieder. Mit den weichsten Lederschuhen, den „Slippers", in die die italienischen Männer ohne Socken schlüpften, was ich erotisch fand. Oder mit Sommerpullovern, die ohne Hemd auf der Haut getragen wurden. Da stand dann Michael Heltau mit all seiner lässigen Eleganz hinter dem Herd in Melanies Küche in ihrem geliebten Häusel mitten im Wald und kochte nach den mitgebrachten italienischen Rezepten. Die Steinpilze fanden sich mit ein bisschen Glück gleich hinter Melanies Haus.

Auch der Gefüllte Kochsalat und die Goldbrasse stammen aus dem „italienischen" Kochbuch von Melanie und Michael.

Gefüllter Kochsalat aus dem Backofen

Zubereitungszeit: ca. 40 Minuten

Zutaten für 4 Portionen:
1 Tasse Gemüsefond (siehe Rezept Seite 126)
1 Tasse Couscous
1 Lauchstange
8 kleine Tomaten
200 g Parmesan
Salz, Pfeffer
8 Blätter Kochsalat/römischer Salat
Butter für die Form

Gemüsefond aufkochen, den Couscous mit einem Schneebesen rasch einrühren und zugedeckt sechs Minuten ziehen lassen.
Lauch und Tomaten in Scheiben schneiden, untermischen.
Couscous mit der Hälfte des geriebenen Parmesan, Salz und Pfeffer vermischen.
Masse in die Salatblätter füllen, diese in eine feuerfeste, mit Butter ausgestrichene Form setzen. Mit dem restlichen Parmesan bestreuen und im vorgeheizten Backofen bei 190° C braten. Heiß servieren.

Quiche

Zubereitungszeit: ca. 40 Minuten

Zutaten für 4 Portionen:
1 rote Paprikaschote
1 Zucchini
1 rote Zwiebel
1 Jungzwiebel
1 Lauchstange
1 EL Olivenöl
Salz, Pfeffer
250 ml Crème fraîche
4 Eier
1 Pkg. Mürbteig
100 g Parmesan

Das Gemüse in kleine Würfel schneiden und in einer Pfanne mit Olivenöl anbraten. Mit Salz und Pfeffer würzen.
Die Crème fraîche mit den Eiern vermischen.
Den Teig in einer Form kurz (zehn Minuten) vorbacken, danach das Gemüse einfüllen. Nun das Ei-Gemisch dazugeben und die Quiche mit geriebenem Parmesan bestreuen.
Im vorgeheizten Backofen bei 160° C 20 Minuten backen.

Spaghetti al ragù

Zubereitungszeit: ca. 40 Minuten

Zutaten für 4 Portionen:
1 rote Zwiebel
1 Knoblauchzehe
2 EL Olivenöl
1 Karotte
1 gelbe Rübe
100 g Stangensellerie
700 g Rindsfaschiertes (Rinderhackfleisch)
2 EL Tomatenmark
125 ml Rotwein
4 große Tomaten
Rosmarin
Salz, Pfeffer
400 g Spaghetti
100 g Parmesan
Rosmarinzweige zum Garnieren

Zwiebel und Knoblauchzehe schälen und klein schneiden, in einem Topf mit Olivenöl anbraten.

Karotte, gelbe Rübe und Stangensellerie schälen und in kleine Würfel schneiden, mitrösten. Das Faschierte dazugeben und mit dem Tomatenmark rösten.

Mit Rotwein ablöschen, die Tomaten klein schneiden und mit dem Rosmarin dazugeben.

Das Sugo 20 Minuten köcheln, mit Salz und Pfeffer würzen.

In der Zwischenzeit die Spaghetti laut Packungsangabe kochen.

Die Spaghetti auf Teller geben, das Ragù darauf verteilen und mit gehobeltem Parmesan und Rosmarin dekorieren.

Farfalle verdi e bianche

Zubereitungszeit: ca. 20 Minuten

Zutaten für 4 Portionen:
400 g Farfalle
100 g Speck
100 g Erbsen
Thymian
200 g Parmesan
250 ml Obers/Sahne
1 Ei
evtl. Salz, Pfeffer
Thymianzweige zum Dekorieren

Farfalle laut Packungsangabe zubereiten.
In der Zwischenzeit den Speck in kleine Stücke schneiden und in einer Pfanne anrösten. Die Erbsen dazugeben, mit Thymian würzen. Die Farfalle unter die Speckmischung mischen.
Den geriebenen Parmesan mit Obers und Ei vermischen, zu den Farfalle geben und kurz erhitzen, eventuell mit Salz und Pfeffer würzen. Mit Thymianzweigen dekorieren.

Krautfleckerln

Zubereitungszeit: ca. 30 Minuten

Zutaten für 4 Portionen:
1 weiße Zwiebel
400 g Weißkraut/Weißkohl
2 EL Zucker
Olivenöl
Thymian
Salz, Pfeffer
Piment
300 g Fleckerln (quadratisch geschnittene kleine Nudeln)
evtl. etwas Staubzucker

Das Weißkraut mit dem geschälten und in Würfel geschnittenen Zwiebel und Zucker in einem Topf mit Olivenöl anbraten.
Mit 250 Milliliter Wasser aufgießen. Mit Thymian, Salz, Pfeffer und etwas Piment würzen.
Die Fleckerln laut Packungsangabe kochen, unter das Kraut mischen.
Mit Thymianzweigen dekorieren, eventuell mit etwas Staubzucker bestreuen.

Familie Verhoeven in Salzburg nach der letzten „Jedermann"-Vorstellung am Domplatz, 1982

Als Mutter wird man ja oft für die richtigen Dinge von seinen Kindern getadelt....

... („wieso gehört Klavierüben zu meiner Erziehung?" und „wer braucht heute schon Latein?"...) und für die falschen gelobt, wie ich zum Beispiel für die zwei Lieblingsnudelgerichte meiner Söhne und unsere von allen geliebten Krautfleckerln. Mit der Pasta ist es so, dass man wirklich mit nichts und im Handumdrehen großen Eindruck machen kann, besonders eben bei Kindern. Da braucht man keine große Köchin zu sein, für die sie mich gehalten haben. Bei den Krautfleckerln muss man aufpassen, dass nicht schon vor dem Servieren der Topf mit den im Kraut schmorenden Fleckerln leergenascht wird. Der Geruch des gedünsteten Krauts regt so sehr die Geschmacksnerven an, dass auch die beim Topf stehende Köchin sehr gefährdet ist.

In München gab es lange Jahre hindurch das "Roma", eines der ersten italienischen Lokale in der Stadt.

Es lag an der teuren Maximilianstraße, aber was man serviert bekam, war auch bezahlbar. Und außerdem konnte man anschreiben lassen. Es war über Jahrzehnte DAS Schauspielerlokal.
Geführt wurde es von Irmi Reiser, einer schönen, temperamentvollen und herzlichen Frau. Sie war verheiratet mit dem Schauspieler Hans Reiser, der ebenso feurig war, wie er aussah. Zu Mittag, nach der Probe, kamen schon die ersten Schauspieler der beiden großen Theater, die an der Maximilianstraße liegen. Probenkräche wurden weitergeführt, der Tratsch blühte. Irmi fungierte nicht nur als Mediatorin, besänftigte, suchte zu versöhnen, sie war auch erfahrene Postbotin in Liebesdingen, führte zerstrittene Paare durch geschickte Platzierung wieder zueinander, konnte notfalls auch schweigen wie ein Grab, obwohl es ihr schwer fiel. Sie war die Vertrauensperson vieler. Wenn Fritz Kortner kam, wusste Irmi natürlich, wo er sitzen wollte, ob er gesprächig oder schlecht aufgelegt war, sie wusste, welchen Rotwein Paul Verhoeven bevorzugte und ob eine Premiere erfolgreich oder „baden" gegangen war. Als sie nach dem Tode ihres Mannes, des geliebten Hansi, das „Roma" schloss, war das eine kleine Katastrophe für die Künstler an der Maximilianstraße. Nun fühlte man sich unbehaust. So viele Jahre sind seitdem vergangen, aber das „Roma" und die Irmi Reiser sind unvergessen.
In Erinnerung an sie und an die goldenen Theaterjahre von damals hier eines von Irmis Rezepten.

Spaghetti à la Irmi Reiser

Zubereitungszeit: ca. 12 Minuten

Zutaten für 4 Portionen:
180 g Spaghetti
3 Sardellen
1 Knoblauchzehe
15 Kapern
Petersilie
Basilikum
4 EL Olivenöl
½ Zitrone
Salz, Pfeffer

Die Spaghetti laut Packungsangabe kochen.
In der Zwischenzeit die Sardellen, Knoblauch, Kapern und Kräuter hacken und in einer Pfanne mit Olivenöl anbraten.
Den Zitronensaft, Salz und Pfeffer beigeben.
Die Nudeln untermischen und servieren.

Omelette à la Rosa Zurek

Zubereitungszeit: ca. 20 Minuten

Zutaten für 4 Portionen:
12 Eier
Salz, Pfeffer
2 EL Olivenöl
4 Scheiben Beinschinken
4 Scheiben Käse (Gauda)
10 Cocktailtomaten
Schnittlauch

Die Eier mit etwas kaltem Wasser verrühren, salzen und pfeffern. In eine Pfanne mit Olivenöl eingießen, den Schinken, den Käse und die Tomaten einlegen. Zudecken und nach drei Minuten wenden. Mit Schnittlauch servieren.

Das ist eine schnell zuzubereitende, – wenn auch sehr reichhaltige Speise, *deren Rezept ich von Melanie habe, und die wiederum hat es von einer sehr originellen Souffleuse des Burgtheaters in Wien.*
Vor der Vorstellung kann ja kein Schauspieler essen. Das können nur die Musiker und die Opernsänger. Wenn man dann ausgehungert, manchmal glücklich erschöpft, nachhause kommt, mit ein paar Kollegen, deren Adrenalinspiegel sich auch erst langsam senkt, dann ist so eine Speise genau das Richtige, um sich müde zu essen.
Gesünder wäre es vermutlich, dieses Omelette zu Mittag zu essen, aber Schauspieler leben nun mal nicht immer vernünftig.

Goldbrasse mit Zucchini

Zubereitungszeit: ca. 50 Minuten

Zutaten für 4 Portionen:
2 Zitronen
4 kleine Goldbrassen
Thymian
4 EL Olivenöl
500 g Cocktailtomaten
3 Knoblauchknollen
Salz, Pfeffer
4 kleine Zucchini
2 EL Olivenöl
1 rote Zwiebel

Zitronen in Scheiben schneiden, Goldbrassen mit Zitronenscheiben und Thymian füllen.
Zwei Esslöffel Olivenöl in eine feuerfeste Form gießen, Goldbrassen hineinlegen. Gewaschene Cocktailtomaten und halbierte Knoblauchknollen dazugeben, mit restlichem Olivenöl beträufeln, bei 180° C im vorgeheizten Backofen 20 Minuten braten, immer wieder mit dem Olivenöl aus der Form begießen. Vor dem Servieren salzen und pfeffern.
In der Zwischenzeit die Zucchini in breite Streifen schneiden und in einer Pfanne mit Olivenöl anbraten. Die Zwiebel schälen und in Streifen schneiden, mitrösten.
Die Fische mit Thymian garnieren und mit dem Zucchinigemüse servieren.

Branzino in der Salzkruste mit Sommergemüse

Zubereitungszeit: ca. 1 Stunde

Zutaten für 4 Portionen:
1 kg Meersalz
2 Eiweiß
1 Branzino (Wolfsbarsch), ca. 1,2 kg
1 Zitrone
Thymian
2 rote Paprikaschoten
2 Zucchini
1 Melanzani
2 EL Olivenöl
1 rote Zwiebel
Salz, Pfeffer
Rosmarinstämmchen
2 EL Balsamico-Essig

Das Meersalz mit dem Eiweiß vermischen, den Fisch mit Zitronenscheiben und Thymian füllen. Auf einem mit Backpapier ausgelegten Backblech einen Boden aus Salz bilden, den Fisch darauflegen und mit dem Salz zudecken. Im vorgeheizten Backofen bei 180° C 35 Minuten backen.
In der Zwischenzeit das Gemüse in gleich große Stücke schneiden und in einer Pfanne mit Olivenöl anbraten. Die Zwiebel schälen, schneiden und mitrösten, mit Salz und Pfeffer würzen, Rosmarin dazugeben. Mit Balsamico-Essig abschmecken.
Den Fisch aus dem Salz brechen und mit dem Gemüse servieren.

Das ist das Rezept von Rossana, *meiner römischen Agentin und Freundin. Ich habe mich erst an Fisch gewagt, als ich in der Nähe vom Campo de' Fiori wohnte und täglich an den kunstvoll aufgebauten Fischständen mit den bläulich-silbern schimmernden winzigen und großen frischen Fischen, die von Ostia hereinkamen, vorbeiging. Der Fischverkäufer brachte der armen „Tedesca-Austriaca" bei, wie sie welchen Fisch dünsten und braten sollte. Und mit Hilfe der schönen Römerin Rossana gelang es auch. Nicht beim ersten Mal.*

Saibling mit Kartoffel-Kürbis-Strudel

Zubereitungszeit: ca. 40 Minuten

Zutaten für 4 Portionen:
300 g passierte Kartoffeln
1 EL Grieß
1 Eigelb
100 g Kürbiskerne
1 EL Kürbiskernöl
100 g Parmesan
Strudelblätter
1 Ei

4 Saiblinge à 140 g
Salz, Pfeffer
1 Zitrone
2 EL Olivenöl
Thymian

Für den Strudel die passierten Kartoffeln mit Grieß, Eigelb, gehackten Kürbiskernen, Kürbiskernöl und dem geriebenen Parmesan vermischen.
In Strudelblätter einrollen und mit Ei bestreichen. Im vorgeheizten Backofen bei 165° C 15 Minuten backen.
Die Fische mit Salz, Pfeffer und dem Saft der Zitrone würzen und in einer Pfanne mit Olivenöl und Thymian braten.
Den Strudel aus dem Backofen nehmen und mit dem Fisch servieren.

Huhn à la Gusti

Zubereitungszeit: ca. 2 Stunden

Zutaten für 4 Portionen:
1 Huhn, ca. 1,2 kg
Suppengemüse
200 g Brokkoli
150 g Mayonnaise
½ l Instant-Champignonsuppe
150 g Champignons
2 EL Butter
100 g Kartoffelchips

Das Huhn mit dem Suppengemüse weich kochen, enthäuten, entbeinen und in kleine Stücke schneiden.
Brokkoli putzen und in kochendem Salzwasser weich kochen, in Eiswasser abschrecken, damit er die schöne Farbe behält.
Mayonnaise mit der Instant-Champignonsuppe vermischen.
Die Pilze in Spalten schneiden und in Butter dünsten.
Nun schichtweise Hühnerstücke, Brokkoliröschen, das Mayonnaise-Suppen-Gemisch und die Champignons in eine feuerfeste Formen geben. Mit gehackten Chips bestreuen.
Im vorgeheizten Backofen bei 170° C 20 Minuten braten, eventuell mit Reis servieren.

Mit dieser „Gusti" ist die Burgschauspielerin Gusti Wolf gemeint,

mit der Melanie sehr befreundet war. Beide gehörten zu einem Kreis begeistert kochender Schauspielerinnen, die Rezepte austauschten und sich sogar gegenseitig ein wenig zu übertrumpfen versuchten. Wir, die jungen Schauspieler, alle mit schmaler Börse, profitierten von diesem schönen Wettbewerb, wenn wir „zum Kosten" eingeladen waren.

Gusti Wolf

Rosmarin-Rotwein-Huhn

Zubereitungszeit: ca. 1 Stunde

Zutaten für 4 Portionen:
800 g Hühnerfleisch
Salz, Pfeffer
2 EL Olivenöl
2 rote Zwiebeln
Rosmarin
500 ml Rotwein
1 l Hühnersuppe
12 Tomaten
2 EL Butter

Die Hühnerstücke mit Salz und Pfeffer würzen und in einem Topf mit Olivenöl anbraten.
Die Zwiebeln schälen und grob schneiden, mit dem Rosmarin dazugeben.
Mit Rotwein ablöschen und mit Suppe aufgießen, 30 Minuten köcheln lassen. Danach die Tomaten in Viertel schneiden und dazugeben, aufkochen lassen.
Mit Butter verfeinern und eventuell nochmals mit Salz und Pfeffer würzen. Mit einer Kartoffelbeilage servieren.

Fleischlaberln

Zubereitungszeit: ca. 40 Minuten

Zutaten für 4 Portionen:
1 Semmel/Brötchen
1 kg gemischtes Faschiertes/Hackfleisch
1 kleine weiße Zwiebel
1 TL getrockneter Majoran
Salz, Pfeffer
1 TL Senf
2 EL Öl

Semmel entrinden und in Wasser einweichen, danach gut ausdrücken und mit dem Faschierten vermischen.
Die Zwiebel schälen und klein schneiden, mit Majoran, Salz, Pfeffer und Senf unter die Masse mischen.
Kleine Laibchen formen und in einer Pfanne mit Öl beidseitig braten.

Fleischlaberln sind eben Fleischlaberln –

und keine Frikadellen, wie man in Berlin sagt. Mögen sie auch nach dem selben Rezept zubereitet werden. „Laberln" sind weicher, wie man schon hören kann. Fest im Biss, schmelzend in der Kehle.
Man kann mit den Laberln auch wunderbar experimentieren: Kürbiskerne beimischen. Koriander, Rosinen und frischen Knoblauch.
Die Laberln sind eines der ältesten Gerichte der Menschheit.
Kinder lieben sie zu jeder Tages- und Nachtzeit.

Schweinsbraten à la Gustl Mayer

Zubereitungszeit: ca. 2 Stunden/1,5 Stunden

Zutaten für 4 Portionen:
2 kg Schweinskarree (Rippenstück vom Schwein)
2 EL Öl
3 Knoblauchzehen
Muskat
2 EL Butter
1 Zitrone
2 EL Kümmel
Salz, Pfeffer
500 ml Bier

Das Fleisch mit Öl einreiben, den Knoblauch pressen und das Fleisch auch damit einreiben, zwei Stunden ziehen lassen. Danach das Fleisch mit Muskat einreiben.
In einer feuerfesten Form Butter erhitzen, Zitronensaft, Kümmel, Salz und Pfeffer dazugeben und das Karree darin scharf anbraten. Mit Bier ablöschen.
Im vorgeheizten Backofen bei 160° C mindestens eine Stunde braten.
Mit Kraut und Knödeln (siehe Rezept Seite 152) servieren.

Die Gustl Mayer war nicht nur die Sekretärin

Max Reinhardts, des Theatergottes, sie war auch seine treue Seele. Von ihr stammen viele Anekdoten über ihn – den großen, unvergessenen Regisseur –, die sie gerne und gut erzählte, die so weiter überliefert und erhalten geblieben sind. Erhalten ist auch das Rezept ihres köstlichen Schweinsbratens.
Man kann nicht immer Diät halten. Man muss sich ab und zu auch hingeben können …

Klostergeheimnis

Zubereitungszeit: ca. 1 Stunde

Zutaten für 4 Portionen:
400 g Kalbsfleisch
Salz, Pfeffer
2 EL Olivenöl
100 g Selchspeck
2 mittelgroße Zwiebeln
Gemüsefond (siehe Rezept Seite 126)
2 grüne Paprikaschoten
10 Cocktailtomaten
10 Kapern
125 ml Sauerrahm/saure Sahne
1 gehäufter EL Mehl
1 Salzgurke

Das Fleisch in fünf mal fünf Zentimeter große Würfel schneiden, mit Salz und Pfeffer würzen und in einem Topf mit Olivenöl leicht anrösten.
Den Speck und die geschälten Zwiebeln in Würfel schneiden und dazugeben.
Mit etwas Gemüsefond aufgießen und in Streifen geschnittene Paprikaschoten, Tomaten und Kapern dazugeben. Dreißig Minuten köcheln lassen.
Sauerrahm mit dem Mehl vermischen und zum Fleisch geben, drei Minuten ziehen lassen und mit Salzgurkenstücken servieren.

Mit Ernst Stankovski in „Der brave Soldat Schwejk"

Ich weiß nicht, woher Melanie dieses Rezept hatte.

Vielleicht wirklich aus dem Kloster? Sie war ja bei den „Ursulinerinnen" im Internat, in einer der strengsten, gefürchtetsten Klosterschulen in Wien.
Ihre Disziplin, ihren Hang zur freiwilligen Askese hatte Melanie sehr wahrscheinlich von diesen Jahren, aber auch ihre Widerspenstigkeit, ihr Anarchismus waren sicher die Folge dieser traumatischen Jahre im Kloster.
Melanies Familie war adelig, eine Horeschovsky durfte einfach keine Schauspielerin werden. Deshalb zuerst die strenge Erziehung im Kloster, die Melanies Wünsche und Erwartungen ans Leben nicht nur nicht brechen konnte, sondern eher beförderte und stärkte. Schließlich gab der Vater seine Erlaubnis, und Melanie wurde Schauspielerin.
Das Rezept ist wirklich gut, „macht eine Menge her …", sagte Melanie, „in der Zeit, in der es köchelt, kannst du Text lernen oder das Feuilleton lesen …"
Ja, Melanie, mach ich.

Morgens früh, sehr früh, – ist zuallererst das Team des „Catering Services“ am Drehort.

Diese Art von „Catering“ hat sehr wenig mit „Party-Catering“ oder Ähnlichem zu tun. Noch vor den Beleuchtern und Bühnenarbeitern, die ihre schweren Geräte aus den Lastwagen laden, ist das Catering da. Sehr oft sind es bewundernswert tüchtige Frauen, auch bewundernswert gut aufgelegt. Sehr oft natürlich ist bei Arbeitsbeginn noch tiefschwarze Nacht. Sechs Uhr am Morgen! Sehr oft ist es hundekalt. Und feucht. Oder es regnet in Strömen!
Da steht dann der kleine Küchenwagen der Catering-Küche wie ein helles kleines Licht in der Dunkelheit. Es gibt schon Kaffee und Rührei und Obstsalat. Wie machen die das?
Dieses Lachsrezept hat mir Gerda gegeben, die beste aller Köchinnen des Caterings. Sie und ihre beiden Töchter Anna und Steffi haben mit ihrer guten Laune und ihren Kochkünsten, die immer über die schmale Börse – manche Produktionen spucken nur zögernd Geld für das Belegschaftsessen aus – triumphiert haben, meine Teams und mich durch viele Jahre verwöhnt.
Danke Gerda, Anna und Steffi! Ihr seid wirklich tolle Frauen!

Lachs aus dem Ofen

Zubereitungszeit: ca. 40 Minuten

Zutaten für 4 Portionen:
2 Limetten
2 Zitronen
1 EL Meersalz
1 TL Zucker
Pfeffer
2 EL gehackte Petersilie
2 EL gehackter Thymian
2 EL gehackter Kerbel
800 g Lachsfilet
3 EL Olivenöl

Die Limetten und die Zitronen in Scheiben schneiden. Das Salz mit Zucker, Pfeffer und den gehackten Kräutern vermischen. Den Lachs in eine feuerfeste Form geben, mit der Gewürzmischung bestreuen, Zitrusfrüchtescheiben dazulegen.
Mit Olivenöl übergießen und im vorgeheizten Backofen bei 90° C 20 Minuten garen, servieren.

Steaks mit Trüffelbutter und Kochsalat

Zubereitungszeit: ca. 30 Minuten

Zutaten für 4 Portionen:
4 Steaks à 150 g
Salz, Pfeffer
2 EL Olivenöl
1 Knoblauchzehe
200 g Butter
3 EL gehackte Petersilie
1 EL Trüffelöl
1 Kochsalat/römischer Salat
2 EL Balsamico-Essig
100 g Parmesan

Die Steaks mit Salz und Pfeffer würzen und in einer Pfanne mit Olivenöl beidseitig circa vier Minuten braten, die Knoblauchzehe mitbraten. Fleisch an einem warmen Platz rasten lassen.
Die zimmerwarme Butter mit Petersilie, Trüffelöl, Salz und Pfeffer vermischen.
Kochsalat waschen, putzen und im Bratenrückstand mit Salz, Pfeffer und dem Balsamico-Essig marinieren.
Steaks mit der Trüffelbutter garnieren, dazu Salat mit gehobeltem Parmesan servieren.

Das ist eine Spezialität meines Mannes Michael Verhoeven.
Als Koch, würde ich sagen, seine einzige.

Klassischer Tafelspitz

Zubereitungszeit: ca. 2 Stunden

Zutaten für 4 Portionen:
800 g Tafelspitz
2 Karotten
100 g Stangensellerie
1 Zwiebel
Lorbeer
Wacholder
Salz, Pfeffer
Schnittlauch
200 g Sauerrahm/saure Sahne
50 g Crème fraîche
Zitronensaft

Tafelspitz in kochendes Wasser einlegen, nach einer Stunde das in grobe Stücke geschnittene Gemüse und die Gewürze dazugeben.
Wenn das Fleisch weich ist, aus der Suppe heben und in Scheiben schneiden.
Für die Soße den Schnittlauch schneiden, mit Rahm und Crème fraîche vermischen, salzen und mit Zitronensaft würzen.
Tafelspitz mit der Schnittlauchsoße und Kartoffelschmarren (siehe Rezept Seite 143) servieren.

Das schönste, das klarste, das einfache Essen.

Die klassische Wiener Hauptmahlzeit. Ob sie auf meinen Speiseplan kommt, hängt natürlich immer wieder davon ab, was mir die Waage sagt. Dann kann ich ja immer noch entscheiden, ob ich mich den Gegebenheiten anpassen will oder ganz absichtsvoll alle Disziplin über den Haufen werfe und mich an einer schönen fetten Hochrippe erfreue. Wie auch immer, für mich fast noch wichtiger sind die Beilagen. Manchmal gibt's auch noch Apfelkren dazu. Für Kinder ist der meistens zu scharf. Sie sind glücklich, wenn sie im Kartoffelschmarren mit der Schnittlauchsauce mantschen dürfen. Ist ja auch zu verstehen.

Andrássy-Gulyás mit Haluschka

Zubereitungszeit: ca. 2 Stunden

Zutaten für 4 Portionen:
1 kg Zwiebeln
3 EL Öl
1 EL getrockneter Majoran
3 Knoblauchzehen
1 TL gemahlener Kümmel
3 EL edelsüßes Paprikapulver
1 EL scharfes Paprikapulver
etwas Weißweinessig
1,5 kg Wadschunken/Fleisch von der Rinderwade
Salz, Pfeffer
250 g Strudelteig
70 g Speck
100 g trockener Topfen/Quark

Zwiebeln schälen und grob schneiden, in einem Topf mit Öl anrösten. Majoran, geschälten und geschnittenen Knoblauch und den Kümmel dazugeben.

Wenn die Zwiebelstückchen goldgelb sind, Paprikapulver dazugeben, dann den Topf von der Flamme nehmen. Mit Essig ablöschen und mit Wasser aufgießen, bis der Zwiebel bedeckt ist. Aufkochen lassen und mit einem Stabmixer aufmixen.

In der Zwischenzeit das Fleisch in fünf mal fünf Zentimeter große Stücke schneiden. Fleischstücke in den Saft geben und mindestens eine Stunde langsam köcheln lassen, immer wieder umrühren. Mit Salz und Pfeffer würzen.

Währenddessen den Teig ausrollen und kleine längliche Stücke reißen, trocknen. In Salzwasser kochen, in geröstetem Speck schwenken, den Topfen darüberreiben.

Das Gulyás mit den Haluschka servieren.

Billy Wilder

Große Aufregung im Hause Berger-Verhoeven:
Billy Wilder hatte sich zum Mittagessen angesagt.

Er hatte sich noch aus Los Angeles telefonisch ein Andrássy-Gulyás gewünscht. Meine Mutter und meine damalige Haushälterin Steffi, eine sehr erfahrene Köchin, berieten sich lebhaft in der Küche. Beide hatten schon rote Bäckchen.
Steffi holte sich Rat bei einer Freundin, die in einem gräflichen Haushalt arbeitete. Das Rezept wurde durchgesagt.
Billy Wilder kam. Steffi hatte eine blütenweiße Schürze umgebunden und servierte. Billy Wilder konnte sehr charmant sein, aber auch sehr bissig. An diesem Tag war er beides. Er zankte mich tüchtig aus, weil ich die mir angebotene Rolle in seinem Film „Fedora“ abgelehnt hatte. Ich erwartete mein zweites Kind, und bald würde man das auch sehen. „Du kannst dir eine Handtasche vorhalten, Senta!“, bellte er.
„Aber doch nicht immer, und so große Handtaschen gibt es gar nicht, Billy.“
„Ich setz’ dich hinter einen großen Tisch, ich lasse nur Großaufnahmen von dir machen …“ „Ach, Billy, ich kann doch nicht immer sitzend spielen … und wie schmeckt’s?“
Sein Gesicht wurde weich, es zerfloss förmlich. „Es ist das beste Gulyás meines Lebens, Senta! Wo ist die Köchin?“ Steffi kam, der kleine Billy Wilder stand auf und küsste der ziemlich großen Steffi die Hand. „Frau Walküre“, sagte er, „ich bin Ihnen verfallen!“ Steffi musste lachen und verdrückte ein Tränchen.
„Fedora“ wurde ein Flop.
Das Andrássy-Gulyás ein Riesenerfolg.

Esterházy-Rostbraten

Zubereitungszeit: ca. 40 Minuten

Zutaten für 4 Portionen:
4 Stück Rostbraten à ca. 170 g
Salz, Pfeffer
1 EL Olivenöl
100 g Speck
1 Karotte
1 gelbe Rübe
50 g Lauch
250 ml Rotwein
2 EL Kapern
1 Sardelle
4 EL Sauerrahm/saure Sahne

Rostbratenstücke klopfen und mit Salz und Pfeffer würzen. In einer Pfanne mit Olivenöl beidseitig je zwei Minuten scharf anbraten. Fleischstücke aus der Pfanne heben, in feine Streifen geschnittenen Speck im Bratenrückstand rösten.
Das in Streifen geschnittene Gemüse dazugeben und kurz mitrösten. Mit Rotwein ablöschen und mit Salz, Pfeffer, Kapern und gehackter Sardelle würzen.
Den Rostbraten kurz in der heißen Soße wärmen und mit Sauerrahm servieren.

Das ist ein Rezept meiner Großmutter, der "Omama",
die aus Sopron in Ungarn stammte. Ich habe es aus ihrem in Kurrent geschriebenen Kochbuch. Und ich habe es als eine der Mahlzeiten in meiner Erinnerung, die sie zu besonderen Anlässen zubereitete. Mir zuliebe ließ sie manchmal die Sardellen weg.
Mir wird er leider manchmal ein bisschen zäh, der Rostbraten. Dann schiebe ich die Schuld sofort auf das Fleisch und vielleicht sogar auf den Fleischhauer – Metzger sagt man in Deutschland –, der mir sehr wahrscheinlich kein optimales Stück verkauft hat. Aber ich weiß ja, Schuld, wenn wir überhaupt davon sprechen wollen, hat immer die Köchin.

Wiener Schnitzel mit Kartoffelsalat

Zubereitungszeit: ca. 40 Minuten

Zutaten für 4 Portionen:
500 g Kalbsschale
Salz
griffiges Mehl
2 Eier
Semmelbrösel
400 g Salatkartoffeln
1 kleine rote Zwiebel
4 EL Speiseöl
Tafelessig
Staubzucker
Pfeffer
Erdnussöl zum Herausbacken
Zitronenspalten
evtl. Preiselbeerkompott

Die Kalbsschale in dünne Schnitzel schneiden, sehr dünn klopfen und salzen.
In Mehl, verquirltem Ei und Semmelbröseln wenden.
Für den Salat die Kartoffeln weich kochen, noch warm schälen und in Scheiben schneiden. Zwiebel schälen und klein schneiden, Zwiebelstückchen dazugeben. Nun das Öl untermischen, mit wenig Essig und Staubzucker, Salz und Pfeffer würzen. Ziehen lassen.
Die Schnitzel in heißem Erdnussöl herausbacken, die Pfanne immer wieder schwenken.
Schnitzel mit Salat, je einer Zitronenspalte und eventuell etwas Preiselbeerkompott servieren.

Meine Mutter zitierte oft das Sprichwort:
„Liebe geht durch den Magen".

Eine Wahrheit, die von meinem Vater täglich bestätigt wurde. Und tatsächlich hatte ihr mein Vater, so erzählte sie, nach einem sonntäglichen Mittagessen mit ihren wunderbaren hauchdünnen, goldgelben Wiener Schnitzeln den Heiratsantrag gemacht, auf den sie schon einige Jahre gewartet hatte. Wer die Schnitzel meiner Mutter auch nur einmal gegessen hat, kann meinen Vater gut verstehen.

Hasenbeize

Zubereitungszeit: ca. 1 Tag/1 Stunde

Zutaten für 4 Portionen:
3 Karotten
2 Zwiebeln
1 Lauchstange
1 gelbe Rübe
1 EL Olivenöl
Neugewürz
2 Lorbeerblätter
2 Nelken
Thymian
Rosmarin
5 Wacholderbeeren
½ Zitrone
1 l Rotwein
3 EL Balsamico-Essig
1,5 kg Hasenfleisch
2 EL Butter

Das Gemüse putzen und in grobe Stücke schneiden. In einem Topf mit Olivenöl anbraten, die Gewürze und Kräuter beigeben. Mit Rotwein ablöschen und den Saft der halben Zitrone und den Balsamico-Essig dazugeben.
Das Hasenfleisch in gleich große Stücke schneiden und in das Gemüse einlegen, abkühlen lassen und mindestens eine Nacht lang marinieren.
Am nächsten Tag so lange zugedeckt schmoren lassen, bis das Fleisch weich ist. Mit Butter abschmecken.
Als Beilage zur Hasenbeize eignet sich Polenta (siehe Rezept Seite 148).

Mit Klaus Maria Brandauer in „Die Verschwörung des Fiesco zu Genua“

Lammledrons

Zubereitungszeit: ca. 50 Minuten

Zutaten für 4 Portionen:
250 ml Rindsuppe
1 Zwiebel
Salz, Pfeffer
1 EL Limettensaft
Muskat
2 Eier
500 g Lammkoteletts
Semmelbrösel
3 EL Butter
Limettenscheiben

Rindsuppe aufkochen, Zwiebel klein schneiden und dazugeben. Mit Salz, Pfeffer, Limettensaft und Muskat würzen. Erkalten lassen und mit den Eiern vermischen.
Nun die Koteletts durch das Ei ziehen und in Semmelbrösel tauchen. In Butter braten.
Mit Limettenscheiben dekorieren.

Das ist ein Rezept meiner Schwiegermutter. Von Mami.

Ich habe Mami nie mit einer Schürze gesehen. Natürlich auch nicht beim Kochen. Manchmal spritzte beim Kochen das Fett hoch, dann wurde es schnell abgetupft. Blieb ein Fleck auf der Bluse, auf dem Twinset zurück, wurde schnell eine Brosche darüber befestigt. Manchmal fand sich der Fettfleck an einer für eine Brosche nicht so günstigen Stelle, und die Brosche wirkte dann leicht verrutscht, etwas bizarr. In diesen Dingen war meine Schwiegermutter aber beneidenswert souverän. Und – das ist sicher wichtiger – sie hatte Humor und Witz. Ach, ich vermisse sie so.

Küchenbasics
& Beilagen

Gemüsefond

Zubereitungszeit: ca. 30 Minuten

Zutaten für 4 Portionen:
2 Karotten
1 gelbe Rübe
200 g Knollensellerie
2 Zwiebeln
Salz, Pfeffer
3 EL gehackter Liebstöckel

Einen Liter Wasser mit dem geputzten Gemüse aufkochen.
Die Zwiebeln dazugeben, Fond mit Salz, Pfeffer und Liebstöckel würzen.
Durch ein Sieb gießen und zum Aufgießen weiterverwenden.

Weißer Fond

Zubereitungszeit: ca. 20 Minuten

Zutaten für 4 Portionen:
250 ml Weißwein
750 ml Gemüsefond
500 ml Obers/Sahne
Salz, Pfeffer

Weißwein in einem Topf so lange kochen, bis er fast verkocht ist.
Mit Gemüsefond aufgießen, das Obers dazugeben.
Mit Salz und Pfeffer würzen und zehn Minuten kochen lassen, aufmixen. Der weiße Fond eignet sich besonders für Kräutersuppen, Spinatsuppe und Rucolaschaumsuppe.

Liptauer

Zubereitungszeit: ca. 20 Minuten

Zutaten für 4 Portionen:
100 g Butter
½ Zwiebel
10–12 Essig- oder Salzkapern
150 g Gervais
10 cm Sardellenpaste
1 EL Estragonsenf
1 Msp. gemahlener Kümmel
1 TL Paprikapulver

Butter schaumig rühren.
Zwiebelhälfte und Kapern fein hacken, dazugeben.
Mit den restlichen Zutaten vermischen.

Melanzanipüree

Zubereitungszeit: ca. 40 Minuten

Zutaten für 4 Portionen:
4 Melanzani
Salz, Pfeffer
3 EL Balsamico-Essig
2 Rosmarinstämmchen
2 EL Butter
2 EL Olivenöl

Melanzani längs halbieren und mit Salz, Pfeffer und Balsamico-Essig würzen. In Alufolie einwickeln und im vorgeheizten Backofen bei 200° C 20 Minuten braten.
Melanzanihälften aus der Folie nehmen, von der schwarzen Haut befreien und mit gehacktem Rosmarin, Salz und Pfeffer würzen.
Butter und Olivenöl unterrühren und eventuell das Püree noch einmal erwärmen.

Französisches Dressing

Zutaten für 4 Portionen:
3 EL Dijon-Senf
2 EL Crème fraîche
1 EL gehackter Estragon
2 EL Olivenöl
1 EL Rotweinessig
Salz, Pfeffer

Alle Zutaten vermischen.

Italienisches Dressing

Zutaten für 4 Portionen:
4 EL Olivenöl
3 EL Balsamico-Essig
1 EL Basilikum
½ gepresste Knoblauchzehe

Alle Zutaten vermischen.

Vinaigrette

Zutaten für 4 Portionen:
1 fein gehackte Zwiebel
2 EL fein gehackter frischer Kerbel
1 EL fein gehackte frische Petersilie
1 gehacktes hart gekochtes Ei
1 Prise Salz
1 Prise weißer Pfeffer
4 EL guter Weinessig
6 EL Olivenöl

Alle Zutaten vermischen.

Grüner Salat

Zubereitungszeit: ca. 20 Minuten

Zutaten für 4 Portionen:
1 grüner Salat
1 Knoblauchzehe
2 EL Olivenöl
3 EL Weißweinessig
Salz, Pfeffer
1 weiße Zwiebel
2 EL gehackte Petersilie

Salat putzen und zehn Minuten in Salzwasser einlegen. Eine Salatschüssel mit der Knoblauchzehe ausreiben.
Aus Olivenöl, Essig, Salz und Pfeffer ein Dressing zubereiten.
Geschleuderten Salat in die Salatschüssel geben, Zwiebel fein schneiden und mit dem Petersil und dem Dressing unter den Salat mischen.

Grüner Salat mit Rahm

Zubereitungszeit: ca. 10 Minuten

Zutaten für 4 Portionen:
1 grüner Salat
125 ml Sauerrahm/saure Sahne
Salz, Pfeffer
2 EL Weißweinessig

Salat putzen und zehn Minuten in Salzwasser einlegen.
Sauerrahm mit Salz, Pfeffer und Essig verrühren, Dressing unter den geschleuderten Salat mischen.

Gurkensalat

Zubereitungszeit: ca. 10 Minuten

Zutaten für 4 Portionen:
1 Salatgurke
Salz, Pfeffer
1 Knoblauchzehe
2 EL Weißweinessig

Die Gurke mit einem Küchenhobel in feine Scheiben schneiden.
Das dabei entstehende Gurkenwasser mit Salz, Pfeffer, gehacktem Knoblauch und Essig würzen, Gurkenscheiben damit marinieren, servieren.

Mayonnaise

Zutaten für 4 Portionen:
2 Eigelb
8 EL Olivenöl
Salz, Pfeffer
1 EL Senf
1 EL Weißweinessig
evtl. etwas Sauerrahm/saure Sahne

Eigelb nach und nach mit dem Olivenöl aufschlagen. Mit Salz, Pfeffer, Senf und Essig abschmecken.
Eventuell mit etwas Sauerrahm verdünnen.
Cocktailsoße: Selbst gemachte Mayonnaise mit zwei Esslöffel Tomatenmark, zwei Esslöffel Cognac und einem Esslöffel Paprikapulver vermischen.
Kalte Schnittlauchsoße: Selbst gemachte Mayonnaise mit drei hart gekochten, gehackten Eigelb und 50 Gramm geschnittenem Schnittlauch vermischen.

Krensoße

Zutaten für 4 Portionen:
2 EL Butter
2 EL Mehl
250 ml Milch
80 g geriebener Kren/Meerrettich
Salz, Pfeffer
Zitronensaft
2 Eigelb

Butter mit Mehl in einem Topf anschwitzen. Mit Milch aufgießen und zehn Minuten köcheln lassen.
Kren dazugeben und mit Salz, Pfeffer, Zitronensaft und Eigelb abrühren.

Brokkoli mit Mandeln und Schinken

Zubereitungszeit: ca. 30 Minuten

Zutaten für 4 Portionen:
400 g Brokkoli
100 g Schinken
2 EL Butter
3 EL Mandeln
Salz, Pfeffer
100 g Parmesan

Brokkoli putzen und in Salzwasser knackig kochen, danach in Eiswasser abschrecken, damit er seine schöne Farbe behält.
Schinken in Streifen schneiden, in Butter anschwitzen und die Mandeln mitrösten.
Brokkoli dazugeben und mit Salz und Pfeffer würzen.
Den Parmesan reiben und darüberstreuen.

Artischocken alla romana

Zubereitungszeit: ca. 20 Minuten

Zutaten für 4 Portionen:
16 mittelgroße Artischocken
3 EL Olivenöl
1 Rosmarinzweig
1 Knoblauchzehe
250 ml Weißwein
1 Zitrone
Salz, Pfeffer

Die Artischocken putzen und halbieren, in einer Pfanne mit Olivenöl rundherum scharf anbraten.
Rosmarin und Knoblauchzehe dazugeben, mit Weißwein und Zitronensaft ablöschen. Mit Salz und Pfeffer würzen.

Fisolengemüse

Zubereitungszeit: 30 Minuten

Zutaten für 4 Portionen:
400 g Fisolen/grüne Bohnen
1 weiße Zwiebel
2 EL Butter
1 EL Mehl
Salz, Pfeffer
2 EL Weißweinessig
4 Tomaten
125 ml Obers/Sahne
2 EL gemischte gehackte Kräuter

Fisolen in Salzwasser knackig kochen, in Eiswasser abschrecken, einen Teil des Kochwassers aufheben.
Die Zwiebel schälen und in kleine Würfel schneiden.
Butter in einem Topf schmelzen, Mehl dazugeben und anschwitzen. Mit dem Kochwasser ablöschen und mit Salz, Pfeffer und Essig würzen.
Fisolen, Zwiebelwürfel und die in Viertel geschnittenen Tomaten dazugeben, mit Obers vollenden.
Mit Kräutern nach Geschmack (Bohnenkraut, Petersilie, Thymian) abschmecken.

Kochsalat mit Erbsen

Zubereitungszeit: ca. 20 Minuten

Zutaten für 4 Portionen:
1 rote Zwiebel
250 ml Weißwein
250 ml Obers/Sahne
300 g Kochsalat/römischer Salat
150 g Erbsen
Salz, Pfeffer
Muskat

Zwiebel schälen, klein schneiden und in Weißwein so lange kochen, bis der Wein fast verkocht ist. Mit Obers ablöschen und aufkochen lassen.
Den gewaschenen Salat in breite Streifen schneiden und mit den Erbsen zu den Zwiebelstücken geben. Mit Salz, Pfeffer und Muskat würzen.
Kurz einkochen und dann servieren.

In meiner Kindheit kauften wir Gemüse bei Frau Pitzek.

Sie saß auf einem wackeligen Hocker oder auf einem Sack Kartoffeln in ihrem kleinen Laden, in dem es duftete. Je nach Jahreszeit nach Knoblauch, Zwiebeln, Sellerie oder Sauerkraut aus dem Fass oder nach Kirschen, Pfirsichen, frischem Thymian. Meine Mutter fragte nach den Preisen. Frau Pitzek machte ein Angebot. So kam unser Speiseplan zustande. Kochsalat mit Erbsen war eines meiner Lieblingsgemüse als Kind. Natürlich kochte ihn meine Mutter nicht mit Weißwein. Wir hätten ja auch gar keinen zuhause gehabt. Und dann „das Kind"! Der Weißwein ist in dieses Kochsalat-Rezept erst durch Melanie Horeschovsky gerückt und unbedingt nachkochenswert.

Französisches Kraut

Zubereitungszeit: ca. 1 Stunde

Zutaten für 4 Portionen:
250 g Reis
500 g Sauerkraut
500 g Schinken
500 ml Obers/Sahne
150 g Parmesan
Butter für die Form

Reis dünsten, Sauerkraut braun rösten, Schinken in kleine Würfel schneiden.
Zutaten schichtweise in eine mit Butter ausgestrichene Form geben, immer wieder mit Obers übergießen.
Mit geriebenem Parmesan bestreuen.
Im vorgeheizten Backofen bei 190° C 20 Minuten backen.

Das ist natürlich wieder ein „Melanie"-Rezept, *der fantasiereichen Köchin. Ich wäre nie auf die Idee gekommen, dass Reis und Kraut zusammenpasst. Aber es passt – und wie!*

Curd Jürgens und Senta Berger als Jedermann und Buhlschaft bei den Salzburger Festspielen

Ungarisches Sauerkraut

Zubereitungszeit: ca. 40 Minuten

Zutaten für 4 Portionen:
1 kg Sauerkraut
Lorbeerblatt
1 Nelke
5 Wacholderbeeren
1 Zwiebel
1 rote Paprikaschote
2 EL Olivenöl
200 g Sauerrahm/saure Sahne
2 EL Paprikapulver
2 EL Tomatenmark
Salz, Pfeffer

Sauerkraut mit Lorbeer, Nelke und Wacholderbeeren weich dünsten.
Zwiebel schälen, klein schneiden, Paprikaschote in Streifen schneiden, in Olivenöl anrösten.
Sauerrahm mit Paprikapulver und Tomatenmark verrühren.
Gemüsestückchen und das Rahmgemisch unter das Kraut mischen und mit Salz und Pfeffer würzen.

Zucchini-Kapern-Gemüse à la Loisi

Zubereitungszeit: ca. 20 Minuten

Zutaten für 4 Portionen:
4 kleine Zucchini
2 rote Zwiebeln
2 EL Olivenöl
Salz, Pfeffer
Balsamico-Essig
15 Kapern
4 Oliven
Oregano

Zucchini in breite Scheiben schneiden. Zwiebeln schälen und ebenfalls in Scheiben schneiden.
Beides in Olivenöl anbraten, mit Salz, Pfeffer und Balsamico-Essig würzen. Kapern, gehackte Oliven und gehackten Oregano dazugeben. Servieren.

Die Loisi war Melanie Honendorskys Cousine.

Ebenso zierlich und flink wie Melanie. Sie hatte ein kleines Haus in Sichtweite von Melanies Haus in Niederösterreich, und die beiden hatten eine Art Zeichensprache entwickelt, die sie sich mittels eines weißen Taschentuchs von Fenster zu Fenster signalisierten. Dann wuchsen im Laufe der Jahre die Tannen des kleinen Waldes vor Melanies Haus so hoch, dass beide schließlich das praktische, aber prosaische Telefon benutzen mussten, um sich zum Essen zu verabreden. Interessant finde ich die Mischung von Zucchini und Kapern. Loisi und Melanie haben ja immer etwas ausprobiert. Kapern haben sie sehr oft zu allen möglichen Speisen genommen. Kapern und Senf. Melanie war immer für eine Überraschung gut. Natürlich nicht nur in der Küche. Es war alles so anregend bei ihr. Während sie kochte, stritten sich ihre Gäste über Theaterinszenierungen, erzählten sich den jüngsten Tratsch, tranken einen Veltliner und lachten viel. Melanie stritt, lachte mit und kochte.

Zucchinigemüse

Zubereitungszeit: ca. 50 Minuten

Zutaten für 4 Portionen:
4 kleine Zucchini
Salz
100 g griffiges Mehl
Öl zum Frittieren

Zucchini in fingerdicke Stifte schneiden, salzen und eine halbe Stunde rasten lassen.
Durch das Mehl ziehen und schwimmend in heißem Öl frittieren.
Auf Küchenpapier abtropfen lassen.

Gurken à la Relly

Zubereitungszeit: ca. 20 Minuten

Zutaten für 4 Portionen:
1 Salatgurke
1 rote Paprikaschote
Salz, Pfeffer
1 Msp. Curry
1 TL gehackter Kümmel
1 TL Paprikapulver
250 ml Obers/Sahne
Zitronensaft

Die Gurke raspeln, Paprikaschote in feine Streifen schneiden, mit Salz, Pfeffer, Curry, Kümmel und Paprikapulver würzen.
In einem Topf erwärmen, Obers und Zitronensaft dazugeben und kurz einkochen, servieren.

Kartoffelschmarren

Zubereitungszeit: ca. 20 Minuten

Zutaten für 4 Portionen:
500 g Kartoffeln
2 EL Olivenöl
2 Zwiebeln
Salz, Pfeffer
Kümmel

Kartoffeln kochen, schälen und in grobe Scheiben schneiden. Kartoffelscheiben in einer Pfanne mit einem Esslöffel Olivenöl braun braten.

Zwiebeln schälen und in feine Scheiben schneiden, in einer anderen Pfanne mit einem Esslöffel Olivenöl anrösten.

Zwiebel unter die Kartoffelscheiben mischen und mit Salz, Pfeffer und Kümmel würzen.

Gratiniertes Kartoffelpüree

Zubereitungszeit: ca. 30 Minuten

Zutaten für 4 Portionen:
600 g Kartoffeln
Salz, Pfeffer
125 ml Milch
2 EL gehackte Petersilie
200 g Parmesan

Kartoffeln schälen und in Salzwasser kochen. Danach pürieren und mit Salz, Pfeffer und Milch verrühren.

Petersilie untermischen und das Püree in eine feuerfeste Form geben.

Mit geriebenem Parmesan bestreuen und im vorgeheizten Backofen bei 180° C backen.

Kartoffelgratin

Zubereitungszeit: ca. 30 Minuten

Zutaten für 4 Portionen:
500 g Kartoffeln
250 ml Obers/Sahne
250 ml Milch
Salz, Pfeffer
2 Eigelb
100 g Parmesan
Butter für die Form

Kartoffeln schälen und in Scheiben schneiden.
Obers mit Milch aufkochen, mit Salz und Pfeffer würzen, Eigelb untermengen. Die Kartoffeln dazugeben.
Kartoffelscheiben in eine mit Butter ausgestrichene Form legen, mit Parmesan bestreuen. Im vorgeheizten Backofen bei 180° C 20 Minuten backen.

Ein Filmteam besteht immer aus Menschen, wie sie verschiedener, ja gegensätzlicher nicht sein können.

Ein Haus der Temperamente! Natürlich haben die Männer der Baubühne, die mit ihren Lastern schon morgens um fünf Uhr zum Drehort fahren, eine ganz andere Vorstellung von Mahlzeiten als vielleicht die etwas zartere Maskenbildnerin, der magenkranke Regisseur, die vegetarische Schauspielerin! Alle diese Bedürfnisse zu befriedigen, ist Aufgabe des Caterings am Drehort. Am allerbesten kommen mit diesen Anforderungen Gerda und ihre zwei Töchter Anna und Steffi zurecht. Es ist für alle Mitarbeiter das Richtige da. Und das Richtige schmeckt auch noch so gut und ist fürs Auge schön angerichtet. Im Winter wird mit Mütze und fingerlosen Handschuhen geschnipselt, gebacken und gekocht, im Sommer in der Hitze ihres kleinen Küchenwagens, oft umschwärmt von Mücken und Fliegen, mit guter Laune. Immer steht auf der Theke des Cateringwagens ein Blumenstrauß.
Das „Kartoffelgratin" und die „Gefüllten Tomaten" sind Rezepte von Gerda, die sie für mich mit anderen in ein Büchlein geschrieben hat.

Gefüllte Tomaten

Zubereitungszeit: ca. 30 Minuten

Zutaten für 4 Portionen:
16 Tomaten
150 g Tunfisch
2 rote Zwiebeln
2 EL gehackte Petersilie
100 g Parmesan

Tomaten kappen, das Fruchtfleisch herausheben und mit Tunfisch vermischen.
Zwiebeln schälen, in Scheiben schneiden, mit der Petersilie unter die Tunfisch-Fülle mischen.
Masse in die Tomaten füllen, mit geriebenem Parmesan bestreuen und im vorgeheizten Backofen bei 180° C zehn Minuten braten.

Polenta

Zubereitungszeit: ca. 30 Minuten

Zutaten für 4 Portionen:
70 g Polenta
500 ml Gemüsefond (siehe Rezept Seite 126)
100 g Parmesan

Polenta trocken in einem Topf anrösten, ohne dass sie Farbe annimmt. Mit dem Fond aufgießen und unter ständigem Rühren mindestens 20 Minuten köcheln.
Geriebenen Parmesan untermischen.

Palatschinkenteig

Zubereitungszeit: ca. 15 Minuten

Zutaten für 4 Portionen:
4 Eier
100 g Mehl
250 g Milch
Salz
evtl. etwas Zucker
Öl für die Pfanne

Alle Zutaten vermischen, Teig fünf Minuten rasten lassen und eventuell mit Zucker abschmecken, falls die Palatschinken süß gefüllt werden.
In einer beschichteten Pfanne mit Öl dünne Palatschinken backen und süß zum Beispiel mit Powidl (Zwetschkenmarmelade) oder pikant füllen.

Risotto

Zubereitungszeit: ca. 20 Minuten

Zutaten für 4 Portionen:
1 Tasse Risotto-Reis
2 EL Olivenöl
1 weiße Zwiebel
250 ml Weißwein
3 Tassen Gemüsefond
2 EL Butter
100 g geriebener Parmesan

Reis ohne Zugabe von Fett anrösten, dann das Öl und die geschälte und fein geschnittene Zwiebel dazugeben. Mit Weißwein ablöschen.
Immer wieder mit Fond aufgießen, ständig rühren.
Zum Schluss das Risotto mit Butter und Parmesan verfeinern.

Risi-Pisi

Zubereitungszeit: ca. 30 Minuten

Zutaten für 4 Portionen:
1 Tasse Reis
2 Tassen Hühnerfond
1 weiße Zwiebel
150 g Erbsen
Petersilie

Reis in Hühnerfond dünsten, Zwiebel fein schneiden und dazugeben.
In den letzten fünf Minuten die Erbsen mitdünsten, Risi-Pisi mit Petersilie verfeinern.

Dillsoße

Zutaten für 4 Portionen:
2 EL Butter
2 EL Mehl
500 ml Rindsuppe
Salz, Pfeffer
2 EL Weißweinessig
50 g Dill
250 ml Crème fraîche

Butter in einem Topf zerlassen, Mehl dazugeben und anschwitzen. Mit der Rindsuppe aufgießen und 10 Minuten köcheln lassen. Mit Salz, Pfeffer und Essig würzen, fein gehackten Dill dazugeben.
Dillsoße mit Crème fraîche verfeinern.

Rotweinsoße

Zutaten für 4 Portionen:
2 Suppenwürfel/Instant-Brühe
250 ml Rotwein
125 ml Wasser
3 EL Butter

Die Suppenwürfel in einer Pfanne anrösten. Mit Rotwein ablöschen, mit Wasser aufgießen.
Fünf Minuten köcheln lassen und mit Butter verfeinern.

Italienische Tomatensoße

Zutaten für 4 Portionen:
1 weiße Zwiebel
2 Knoblauchzehen
3 EL Olivenöl
1,2 kg Fleischtomaten
2 Lorbeerblätter
1 TL gehackter Thymian
2 Nelken
Salz
1 EL Paprikapulver
1 Msp. Cayennepfeffer

Zwiebel fein hacken und mit den gehackten Knoblauchzehen in Olivenöl anbraten.
Die geschnittenen Tomaten dazugeben. Lorbeer, Thymian und Nelken 20 Minuten lang mitköcheln.
Soße pürieren und mit Salz, Paprikapulver und Cayennepfeffer abschmecken.

Semmelknödel

Zubereitungszeit: ca. 1 Stunde

Zutaten für 4 Portionen:
10 alte Semmeln/Brötchen
250–500 ml Milch
4 Eier
etwas Öl
3 EL griffiges Mehl
1 Zwiebel
Petersilie
60 g Butter
Salz, Pfeffer

Die Semmeln in kleine Würfel schneiden und in eine Rührschüssel geben. Milch mit den Eiern vermischen, mit etwas Öl über die Würfel gießen.
Zwiebel schälen und klein schneiden, Petersilie fein hacken.
Zwiebelwürfel in Butter dünsten, mit Petersilie unter die Knödelmasse geben, Mehl untermischen, salzen, pfeffern.
Kleine Knödel formen und entweder in Salzwasser kochen, bis sie oben schwimmen, oder in einem Sieb über Dampf eine halbe Stunde dämpfen.

Für mich ist das eine Hauptspeise –
die man sich auf der Zunge zergehen lassen darf.

Ja, klar, das macht mehr Arbeit als die fertigen Knödel aus der Packung. Und man hat ja auch nicht immer die Zeit oder auch die Lust, eine Stunde für Semmelknödel in der Küche zu stehen. Aber der Unterschied ist gar nicht zu beschreiben. Den muss man schmecken. Dann ist man für immer verloren für Knödel aus der Packung.

Nachspeisen

Eis in meinen Lieblingssorten

Zubereitungszeit: ca. je 30 Minuten/3 Stunden

Zutaten für 4 Portionen:

Grundmasse:
500 ml Obers/Sahne
6 Eigelb
100 g Zucker

Für die Grundmasse das Obers aufkochen, währenddessen Eigelb mit Zucker schaumig schlagen. Das heiße Obers unterrühren, zurück in den Topf geben und so lange vorsichtig erhitzen, bis die Masse dicklich wird. Abkühlen lassen und etwa eine Stunde in einer Eismaschine frieren. Danach weitere zwei Stunden im Tiefkühlschrank durchfrieren lassen.
Vanilleeis: Eine Vanilleschote halbieren, auskratzen und das Mark mitkochen.
Schokoladeeis: Das Obers mit zwei Esslöffel Kakaopulver und 80 Gramm gehackter Schokolade aufkochen.
Erdbeereis: 100 Gramm gemixte Erdbeeren unter die kalte Masse mischen.

Die jüngste der drei tüchtigen Jany-Schwestern war die Gretel, – meine Tante Greti.

Sie hatte ein großes Herz für Kinder. Bis Anfang der fünfziger Jahre kam der Eismann mit seinem Wagen, der von einem Pferd gezogen wurde. Er stellte sich auf den Platz vor dem Gemeindebau und schrie: „Eis, die Damen! Eis!" Greti holte dann einen großen Eisblock, der in ein zinnverkleidetes Kühlfach der Küchenkredenz gelegt wurde.
Sie muss eine Eismaschine gehabt haben – ich weiß es nicht mehr. Ich weiß nur, dass sie mit Kakaopulver oder mit Vanillepulver, mit Zucker und Eigelb das köstlichste Eis für uns zubereitete, leckerer als jedes andere, das ich später kosten durfte. Auch die Nachbarskinder waren zum Eisschlecken eingeladen. Da war was los in der kleinen Küche! Und oft nach vielen, zu vielen Eisportionen hörte man auch ein „Tante, ich glaub', mir wird schlecht …"

Zur

Panna cotta mit Erdbeeren

Zubereitungszeit: ca. 35 Minuten/5 Stunden

Zutaten für 4 Portionen:
500 g Obers/Sahne
50 g Zucker
1 Vanilleschote
2 Blatt Gelatine
Erdbeeren
Minzeblättchen

Obers mit dem Zucker in einen Topf geben und langsam erhitzen. Vanilleschote auskratzen, das Mark mit der Schote zum Obers geben, etwa zehn Minuten sanft köcheln lassen.
Gelatine in kaltem Wasser einweichen.
Den Topf mit dem aufgekochten Obers vom Herd nehmen, Obers etwas abkühlen lassen. Mitgekochte Vanilleschote entfernen, Gelatine in die Panna geben und unter Rühren auflösen.
Die Masse auf kleine, kalt ausgespülte Förmchen aufteilen, in den Kühlschrank stellen und etwa fünf Stunden fest werden lassen.
Stürzen und mit Erdbeeren und Minzeblättchen servieren.

Meine römische Freundin Rossana hat öfter für uns Panna Cotta gemacht.

Wir waren jung, wir hatten kleine Kinder, mit denen wir um die Wette Eis schleckten, Süßigkeiten naschten und mussten uns trotzdem noch keine Sorgen um unsere Figur machen. An heißen Sommerabenden haben wir's uns in Rossanas Garten in Fregene einfach schmecken lassen. Die Kinder hatten eine lange Siesta gehalten und spielten nun noch in der Dunkelheit mit den Nachbarskindern. Bevor die römischen Ehemänner aus der heißen, staubigen Stadt in ihre Feriendomizile unter den riesigen Pinien zurückkehrten, bereiteten wir Frauen die „cena" vor, Rezepte wurden ausgetauscht, ausprobiert und schließlich gelobt, Wein wurde getrunken, Musik gespielt …
Das war eine so unbeschwerte Zeit.

Pfirsich Melba

Zubereitungszeit: ca. 15 Minuten

Zutaten für 4 Portionen:
200 g Tiefkühl-Himbeeren
2 EL Staubzucker
4 Kugeln Vanilleeis
4 Pfirsichhälften
4 cl Marillenschnaps
evtl. 200 g Obers/Sahne

Die gefrorenen Himbeeren mit Staubzucker erwärmen und mit einem Stabmixer pürieren, durch ein Sieb streichen.
Je eine Eiskugel in ein Glas füllen, je eine Pfirsichhälfte darauflegen, mit Schnaps tränken.
Himbeermark darüberträufeln, Pfirsich Melba eventuell mit geschlagenem Obers dekorieren.

Mein erstes Pfirsich Melba habe ich in einem sehr noblen Gartenrestaurant in der Nähe des „Belvedere" in Wien gegessen.

Gastgeber des Abends war der berühmte Walt Disney, der mich für eine Hauptrolle in seinem Film „Johann Strauß" engagiert hatte. Ich war „Mrs. Strauß". Ich war gerade 21 Jahre alt geworden und wurde bei einem Essen der internationalen Presse vorgestellt. Ich war aufgeregt wie ein Schulmädchen, das ich gar nicht so lange Zeit davor auch noch gewesen war. Es war die Zeit, in der ich das Wort „Party" zum ersten Mal hörte und „Cocktail". In dieser Zeit habe ich auch meinen ersten Campari mit Soda getrunken und fand, er schmeckte wie eine Spülung beim Zahnarzt. Ich erinnere mich auch an meinen ersten „Krabbencocktail", der mir so fremd schien, dass ich mein Misstrauen erst überwinden musste, bevor ich ihn fortan köstlich fand. Das erste Pfirsich Melba aber ist eine bleibende Erinnerung. Wenn ich es heute esse, steigen die Bilder von damals auf. Der Sommerabend in Wien, Walt Disney, der Senta nicht aussprechen konnte und mich immer „Santa" nannte, die vielen Journalisten, die mitschrieben, was ich sagte, die Kollegen und Mitarbeiter, die mir alle so gewandt und elegant vorkamen, und schließlich sehe ich auch mich. Sehr jung, voller Erwartungen an das Leben – von denen sich viele erfüllt haben.

Erfrischung

Zubereitungszeit: ca. 20 Minuten/2 Stunden

Zutaten für 4 Portionen:
6 Blatt Gelatine
4 cl Rum
1 l Buttermilch
1 TL Zitronensäurepulver
6 EL Zucker
125 ml Himbeersoße

Gelatine in kaltem Wasser einweichen, nach fünf Minuten ausdrücken und in einem Topf mit dem Rum erwärmen, bis sie aufgelöst ist. Buttermilch mit Zitronensäurepulver und Zucker mit einem Schneebesen kräftig schlagen. Die Gelatine unterrühren.
In kleine Schüsseln füllen und mindestens zwei Stunden im Kühlschrank kalt stellen. Mit Himbeersoße servieren.

Ein Rezept von Lupita Kohner, – der Frau meines Agenten Paul Kohner.

Sie war Mexikanerin und brachte die mitteleuropäische Küche der eingewanderten Familie Kohner aus Teplitz-Schönau in Tschechien, die sich in Beverly Hills etabliert hatte, völlig und aufs Schönste durcheinander.

Malibu, Kalifornien 1967

Gefüllte Feigen

Zubereitungszeit: ca. 30 Minuten

Zutaten für 4 Portionen:
250 g Obers/Sahne
100 g Schokolade
1 EL Kakaopulver
12 Feigen
3 EL gehackte Pistazien

Obers zur Hälfte aufschlagen (also so, dass es nicht ganz fest wird), Schokolade schmelzen und Obers und Kakaopulver unterheben.
Die Feigen auf der breiten Seite kappen und mit einem Löffel aushöhlen, das Fruchtfleisch unter die Schokomasse geben.
Schokomasse zehn Minuten in den Tiefkühlschrank stellen, danach in die Feigen einfüllen, gefüllte Feigen mit gehackten Pistazien bestreut servieren.

In „Geheime Wege"

Hexenschaum

Zubereitungszeit: ca. 20 Minuten

Zutaten für 4 Portionen:
3 Eiweiß
140 g Zucker
500 g gebratene, passierte Äpfel
150 g Marmelade
2 cl Cognac
Apfelspalten zum Garnieren

Eiweiß mit dem Zucker zu Eischnee aufschlagen.
Die restlichen Zutaten unter die Masse heben und kalt stellen.
Den Hexenschaum mit Apfelspalten garnieren und kalt servieren.

Ein oder zwei Jahre lang war ich ein sogenanntes Schlüsselkind.

Ich war noch klein, acht, neun Jahre alt. Meine Eltern gingen morgens aus dem Haus und kamen nach ihrer Arbeit abends wieder. Meine Mutter stellte mir Bröselnudeln oder Nudelaufläufe, in Zeitungspapier verpackt unter zwei Bettdecken warm gehalten, auf mein Schlafsofa. Sie hatte Angst, ich könnte mit dem Gasherd nicht richtig umgehen. Ich hatte auch Angst vor den Flammen.

Ab und zu hatte ein Onkel, der Bruder meiner Mutter, für mich Zeit und holte mich von der Schule ab. Ich tat ihm Leid. Er wollte mir was Gutes tun. Aus den Äpfeln seines Schrebergartens bereitete er „Hexenschaum“ für mich zu. Er gab auch den vorgesehenen Cognac hinein. Das hatte ein Ende, als meine Mutter mich von ihm am späten Nachmittag abholte und es schon ein Stockwerk tiefer im Hausflur nach seinen alten Schellacks klang: „Auf dem Dach der Welt, da steht ein Storchennest …“ Marika Rökk und Johannes Heesters.

Oder nach „Hexenschaum mit Cognac“, gesungen von Onkel Oskar und Senta B.

Klar, es geht auch ohne Cognac.

In „Ich heirate Herrn Direktor“

Tutti-Frutti-Sulz

Zubereitungszeit: ca. 20 Minuten/2 Stunden

Zutaten für 4 Portionen:
12 Blatt Gelatine
250 ml Wasser
250 ml Maraschino
500 ml Apfelsaft
100 g Zucker
2 Limetten
300 g gehackte kandierte Früchte

Die Gelatine in kaltem Wasser einlegen und nach fünf Minuten in 30 Milliliter Maraschino erhitzen.
Die restlichen Flüssigkeiten erhitzen, Gelatine, Zucker, Saft der Limetten und die klein gehackten Früchte untermischen.
In eine Kastenform oder in Gläser einfüllen und kalt werden lassen.

Kastanien

Zubereitungszeit: ca. 1 Stunde

Zutaten für 4 Portionen:
400 g passierte Maroni
50 g Staubzucker
2 EL Rum
200 g dunkle Glasurmasse
50 g weiße Glasurmasse

Die Maronimasse mit Zucker und Rum vermischen, zu kleinen Herzen formen und auf Backpapier im Tiefkühlschrank 15 Minuten kühlen.
In der Zwischenzeit die Glasurmassen erwärmen, die Herzen mit dunkler Glasurmasse überziehen und mit heller dekorieren.
Trocknen lassen und gekühlt lagern.

Im Winter durfte ich nach der Schule zum Eislaufen gehen.

Der Wiener Eislaufverein, ganz in der Nähe des Stadtparks. Nach ihrer Arbeit holte mich meine Mutter ab. Das heißt, sie stand mit vielen anderen Müttern hinter dem Gitterzaun des Eislaufplatzes auf der Straße, und sooft ich ganz in ihrer Nähe und doch unerreichbar an ihr vorbeilief, schrie sie meinen Namen: „Senta! Komme jetzt! Senta, wir gehen jetzt nach Hause!“ Ich tat so, als hörte ich sie nicht, und winkte ihr übermütig zu. Ich lief mit Karli und Helmut und Helga, die alle auch von ihren Müttern gerufen wurden, noch einige Runden – bis wir Kinder ein Einsehen hatten und die Schlittschuhe abschnallten.
Vor der Stadtbahn-Station „Stadtpark“ stand immer eine eingemummte Maronibraterin hinter ihrem glühenden kleinen Ofen. Sie mochte mich, und ich bekam fünf Maroni im Papierstanitzl geschenkt. Die großen weichen, nicht die kleinen verbrannten harten. Sie zergingen auf der Zunge.
Dieses „Kastanien“-Rezept habe ich aus Südtirol. Von einer Wirtin, in deren Gasthofgarten die herrlichsten Edelkastanien standen und sie die Maroni von den Zweigen pflücken konnte.

Traumschäume – Schaumträume

Zubereitungszeit: ca. je 20 Minuten/1 Stunde

Zutaten für 4 Portionen:

Schokoladeschaum:
200 g Kochschokolade
3 Eier
3 EL Zucker
3 EL Obers/Sahne

Zitronenschaum:
3 Eier
150 g Zucker
2 Zitronen

Schokoladeschaum:
Schokolade im Wasserbad schmelzen und mit dem Kochlöffel zu Brei rühren. Wenn die Masse dicklich wird, vom Feuer nehmen.
Eier trennen, Eigelb, Zucker und Obers in die Masse einrühren, Eiweiß zu Schnee schlagen und unterheben.
Einige Stunden kalt stellen.

Zitronenschaum:
Eier trennen. Eigelb mit Zucker und Zitronensaft schaumig rühren. Die Masse im Wasserbad erhitzen, bis sie dicklich wird.
Eiweiß zu Schnee schlagen, den Topf vom Feuer nehmen und den Schnee unterheben. Kalt stellen.

Das ist mein absolutes Lieblingsrezept.

Mit dem Wasserbad hatte ich erst Schwierigkeiten. Die Schokolade ist mir oft angebrannt oder hat geklumpt. Aber ich hab's dann ziemlich schnell gelernt. Übrigens, es schmeckt auch, wenn es ein bisschen klumpt. Der Schaum sollte in einem schönen Glas angerichtet werden. Das sieht schön aus.
Ich sammle alte Gläser. Viele habe ich aus Wien, wo man immer noch die schönsten Antiquitäten in Mitteleuropa bekommt. Besonders liebe ich die bemalten Gläser aus dem 19. Jahrhundert oder Anfang des Zwanzigsten. Sie stehen bei uns nicht nur in Vitrinen. Wir gebrauchen sie auch. Vielleicht ist es nicht vernünftig, denn immer wieder geht so ein schönes altes Glas auch zu Bruch. Andererseits sind sie so eine Freude anzusehen und das schwere Glas in der Hand zu halten. Eine Freude, die unser Leben reicher macht.

Obst-Tartelettes mit Vanilleschaum

Zubereitungszeit: ca. 20 Minuten

Zutaten für 4 Portionen:
1 Pkg. Butterblätterteig
1 Eigelb
500 ml Obers/Sahne
50 g Staubzucker
1 Vanilleschote
300 g gemischte Beeren
Minzeblättchen zum Dekorieren

Aus dem Blätterteig Kreise mit fünf Zentimeter Durchmesser ausstechen, die Hälfte der Teigkreise mit Eigelb bestreichen. Die restlichen Teigkreise in der Mitte noch einmal ausstechen, sodass Teigringe entstehen. Ringe auf Kreise aufsetzen und im vorgeheizten Backofen bei 220° C zwölf Minuten backen. Abkühlen lassen.
In der Zwischenzeit Obers mit Staubzucker und dem ausgekratzten Mark der Vanilleschote aufschlagen, Schaum in die Blätterteigformen füllen und diese mit Beeren und Minzeblättchen dekorieren.

Die köstlichsten Obsttörtchen gibt es in Frankreich. – finde ich.

Nichts gegen die österreichischen Schleckereien, ganz im Gegenteil. Aber diese kleinen französischen Blätterteigtartes sind unerreicht. Ich lernte sie kennen, als ich zum ersten Mal in Frankreich war, in Nizza. Wir drehten dort „Es muss nicht immer Kaviar sein". Es gab wenige Autos damals auf den Uferstraßen. Wir konnten im Bademantel aus unseren Hotelzimmern gemütlich über die Straße an den Strand spazieren. Das Meer war tiefblau. Ich war sehr, sehr jung und saugte förmlich alles in mich auf, die Sprache, die Eleganz der Franzosen und die mediterrane Küche. Damals konnte ich auch noch ohne Reue unbeschränkt naschen. Auf der Terrasse des „Negresco" sitzen, einen Café au lait vor sich haben und ein oder zwei Tartes essen – das gehört zu meinen schönsten Erinnerungen aus dieser Zeit.

Tarte Tatin

Zubereitungszeit: ca. 40 Minuten

Zutaten für 4 Portionen:
4 Äpfel
100 g Butter
100 g Zucker
etwas Zitronensaft
1 TL Zimt
1 Pkg. Blätterteig

Die Äpfel schälen, entkernen und in gleich große Spalten schneiden. Butter schmelzen und den Zucker darin karamellisieren, mit Zitronensaft und Zimt abschmecken.
Äpfel in eine feuerfeste Form einlegen und mit dem Karamell übergießen, im Backofen bei 160° C zehn Minuten backen.
Die Form aus dem Backofen nehmen und den Blätterteig darauflegen, wieder in den Backofen geben und bei 220° C für weitere zehn Minuten backen.
Nun die Tarte aus dem Backofen nehmen, kurz auskühlen lassen und dann stürzen.

In „Es muss nicht immer Kaviar sein" mit O. W. Fischer, 1960

Apfelstrudel auf Tournee

Zubereitungszeit: ca. 30/50 Minuten

Zutaten für 4 Portionen:

Für den Strudelteig:
300 g Mehl
125 ml Wasser
2 EL Öl
1 Ei
1 TL Salz

750 g Äpfel (Elstar)
3 EL Rosinen
1 Pkg. Vanillezucker
2 cl Rum
5 EL gehackte Walnüsse
150 g Butter
100 g Zucker
5 EL geröstete Semmelbrösel
etwas Obers/Sahne
Staubzucker

Mehl in eine Schüssel sieben. Wasser, Öl, Ei und Salz verquirlen und zum Mehl geben. Alles zu einem Teig zusammenfügen und dann so lange mit der Hand bearbeiten, bis der Teig weich und elastisch ist. Mindestens 30 Minuten zugedeckt ruhen lassen.

Die Äpfel schälen und in kleine Stücke schneiden. Mit Rosinen, Vanillezucker, Rum und den Nüssen vermischen.

Nach der Ruhezeit des Teiges zwei Kugeln formen und daraus zwei Teigblätter so dünn wie möglich auf einem bestaubten Tuch ausrollen. Vorsichtig mit dem bemehlten Handrücken unter den Teig greifen und papierdünn ausziehen.

Jetzt ein Strudelblatt mit zerlassener Butter einstreichen und mit Zucker bestreuen. Das zweite Blatt darauflegen, mit Semmelbröseln bestreuen, Äpfel daraufgeben und mit Obers übergießen. Zusammenrollen und eine halbe Stunde bei 160° C im vorgeheizten Backofen backen. Mit Staubzucker bestreut servieren.

Melanie war auf Tournee in Deutschland, – ich war in Beverly Hills und drehte einen Film mit Dean Martin.

Ich war unglücklich mit dem Film, ich hatte Heimweh und schrieb mir in langen Briefen an meine Freunde meinen Kummer von der Seele. Melanie antwortete mir liebevoll, aber auch streng: „Herzi, sei nicht undankbar."

Sie legte dieses Rezept „Apfelstrudel auf Tournee" bei. Fortan nannten wir den Strudel immer so, obwohl Melanie damit ja gemeint hatte: Hier kommt das Rezept „Apfelstrudel", ich bin gerade auf Tournee … Mein erster Versuch mit Apfelstrudel fand also in der Küche unseres Apartments am Sunset Boulevard statt und ging ganz gut. Wenn Kinder am Tisch sitzen, lässt man den Rum einfach weg.

Meine geliebte Tante Elli aus Wien besuchte uns regelmäßig in unserem Haus in München.

Sie stand noch in Hut und Mantel, das Köfferchen in der Hand, in der Türe, da fragte sie schon zwei Sachen: „Hast was zum Nähen?" Sie war gelernte Schneiderin, und jede Menge Arbeit wartete im Nähkorb auf sie. Die zweite Frage war: „Wollt's Buchteln?"

Auf unser heuchlerisches Getue, „Ja, gerne, aber das hat ja noch Zeit! Komm doch erst einmal zur Ruhe …", ging sie schnurstracks in die Küche, um den Buchtelteig zuzubereiten.

Ich liebe Marillenmarmelade, also füllte Tante Elli die Buchteln damit. Ganz köstlich schmeckt aber auch Zwetschken-, also Pflaumenmarmelade als Füllung.

Noch jemand war eine hervorragende Buchtel-Bäckerin – auf der anderen Seite des Ozeans: Hanna Kohner war ja in Tschechien geboren und hatte dort, in Karlsbad, dieselbe Kochschule besucht wie Tante Elli. Durch all meine Jahre in Hollywood musste ich also auf die geliebten Buchteln nicht verzichten.

Buchteln

Zubereitungszeit: ca. 2 Stunden

Zutaten für 4 Portionen:
1 Pkg. Trockenhefe
100 ml Milch
20 g Zucker
340 g Mehl
1 Ei
2 Eigelb
130 g Butter
Salz
1 Vanilleschote
½ TL geriebene Zitronenschale
80 g Marillenmarmelade
Staubzucker

Für den Teig Hefe, Milch, Zucker, Mehl, Ei, Eigelb, 80 Gramm Butter, eine Prise Salz, Vanillemark aus der Vanilleschote und Zitronenschale verkneten. An einem warmen Ort circa 30 Minuten „gehen lassen“.
Teig noch einmal durchkneten und erneut etwa 15 Minuten gehen lassen.
Danach zu 16 Kugeln formen, in jede Kugel eine Mulde drücken und je einen halben Teelöffel Marillenmarmelade hineingeben.
Den Backofen auf 175° C vorheizen.
Den Teig über der Füllung mit den Fingern verschließen (zusammendrücken), die Buchteln mit der Naht nach unten in eine mit Butter ausgestrichene feuerfeste Form legen.
Die Buchteln in der Form nochmals 15 Minuten gehen lassen. Mit geschmolzener Butter bestreichen, mit Staubzucker bestreuen und bei 175° C 20 Minuten backen.
Vor dem Servieren mit Staubzucker bestreuen.

Marillen-Muffins

Zubereitungszeit: ca. 40 Minuten

Zutaten für 4 Portionen:
240 g Mehl, Type 405
90 g Zucker
1 Prise Salz
1 TL Backpulver
1 Ei
125 ml Milch
60 ml Pflanzenöl
200 g Marillen

Ein Sieb auf eine Rührschüssel setzen und Mehl, Zucker, Salz und Backpulver hineingeben, versieben. Ei mit Milch und Öl aufschlagen.
Nun alle Zutaten miteinander vermischen, der Teig sollte schwer vom Löffel reißen.
Die geschnittenen Marillen unterheben.
Den Teig in eine Muffin-Form einfüllen (dabei die Vertiefungen zu zwei Drittel füllen) und die Muffins 20 Minuten bei 180° C im Backofen backen.

In den ersten Monaten in Los Angeles fühlte ich mich ziemlich verloren.

Jedes Telefonat mit meinem Liebsten oder meinen Eltern war kompliziert anzumelden und erst nach vielen Stunden möglich. Alles war mir so fremd. Ich hatte aber keine Zeit, mich einzugewöhnen. Über Nacht sollte ich „amerikanisch“ sprechen und aussehen. Die Kohners halfen mir. Zumindest was das Kulinarische anging. „Du kannst hier alles bekommen, Senta, in der First Street gibt's einen Wiener Bäcker, und in der Second einen tschechischen Metzger, und auf dem ‚Farmers Market‘ findest du alle Gewürze und Gemüse, wie auf dem Naschmarkt auch.“ Oft luden mich die Kohners zur nachmittäglichen Jause am Sonntag ein. „Marillen-Muffins“ sind ein Rezept von Hanna Kohner, die immer bemüht war, eine Brücke zu schlagen zwischen ihrer mitteleuropäischen Vergangenheit und dem „American Way of Life“.

Chocoladen-Torte

Zubereitungszeit: ca. 30 Minuten

Zutaten für 4 Portionen:
6 Eier
250 g Butter
400 g Schokolade
100 g Zucker
80 g Mehl
150 g geriebene Mandeln
Butter für die Form
evtl. etwas Obers/Sahne
Minzeblätter zum Garnieren

Eier trennen. Butter und die Schokolade schmelzen, Eigelb, 50 Gramm Zucker, Mehl und die geriebenen Mandeln untermischen.
Eiweiß mit dem restlichen Zucker aufschlagen und unter die Masse heben.
Die Masse in eine mit Butter ausgestrichene Springform geben und im vorgeheizten Backofen bei 180° C circa 20 Minuten backen.
Eventuell mit etwas geschlagenem Obers und einigen Minzeblättchen servieren.

Diese wunderbare Torte stammt aus dem Rezeptbuch meiner Großmutter.

Einmal im Jahr, an meinem Geburtstag im Mai, wurde ich von ihr zu einem Kinobesuch eingeladen. Das war ihr Geburtstagsgeschenk. Für mich war es eines der schönsten Geschenke, das man sich vorstellen kann, ich war völlig verzaubert von dem Moment an, da wir in dem vergilbten Plüschsaal des Rochus-Kinos im dritten Bezirk in Wien unsere Plätze einnahmen. Meistens ganz vorne, da waren die Karten billiger. Man musste fast liegen, um das Bild auf der Leinwand zu erkennen. Nachher gab es „meine" Geburtstagstorte. Mein Vater und mein Großvater kamen von der Werkstätte herauf in die Wohnung und griffen tüchtig zu. Meine Mutter zündete die kleinen Kerzen an. Wir hielten uns an den Händen.
Es war sehr schön.

Guglhupf

Zubereitungszeit: ca. 50 Minuten

Zutaten für 4 Portionen:
3 Eier
250 g Zucker
100 g Öl
0,1 l Wasser
etwas Backpulver
etwas Salz
250 g Mehl
60 g Kakaopulver
Butter für die Form
Staubzucker zum Bestreuen

Eier trennen. Zucker, Eigelb, Öl, Wasser, Backpulver, Salz und Mehl zu einem Teig verrühren. Das Eiweiß zu einem festen Schnee schlagen und unterheben.
Ein Drittel der Masse mit Kakaopulver „färben". Die Hälfte der hellen Masse in eine mit Butter ausgestrichene Form geben, die dunkle Masse daraufgießen, mit heller Masse abschließen.
Guglhupf im vorgeheizten Backofen bei 165° C 30 Minuten backen, danach stürzen und mit Staubzucker bestreuen.

Der Name schon ist Programm: „Guglhupf" –

sofort stellt sich bei mir das Bild von Gemütlichkeit ein. Zeit haben für Kaffee und Kuchen. Heiter sein, wie das Wort „Guglhupf" verspricht.
Das ist das Rezept meiner Mutter. Die Kupferform, in der der Kuchen gebacken wurde, stammt noch von ihrer Mutter und wahrscheinlich sogar von deren Mutter. Sie hängt heute mit anderen alten Kupferpfannen und Töpfen an der Wand meiner Küche. Irgendwie beruhigend.

Kalifornischer Kaiserschmarren

Zubereitungszeit: ca. 30 Minuten

Zutaten für 4 Portionen:
2 EL Rosinen
2 cl Rotwein
6 Eier
200 g Topfen/Quark
2 EL Mehl
etwas Milch
4 EL Kristallzucker
2 EL Butter
Minze
100 g gemischte Beeren

Rosinen in Rotwein einlegen.
Eier trennen, Eigelb mit Topfen, Mehl, eingelegten Rosinen und etwas Milch glatt rühren.
Eiweiß mit zwei Esslöffel Zucker zu einem festen Schnee schlagen, Eischnee unter die Masse heben.
Schmarrenmasse in eine Pfanne mit zerlassener Butter füllen, im vorgeheizten Backofen bei 180° C zwölf Minuten backen.
Kaiserschmarren aus dem Backofen nehmen, mit zwei Gabeln zerteilen, mit dem restlichen Zucker bestreuen und im Backofen weitere fünf Minuten lang karamellisieren.
Mit Minze und Beeren servieren.

In Beverly Hills lebte ich in Hotelsuiten oder gemieteten Häusern.

Fast immer war ich verwöhnt durch den Hotelservice oder eine mit dem Haus gemietete Haushälterin. Merkwürdigerweise fand ich nach kurzer Zeit diesen Luxus unsinnig und teilweise sogar unangenehm. Ich lernte also in Kalifornien kochen. Die ersten Versuche machte ich dort. Unter der Anleitung von Hanna Kohner, die so streng wie meine Mutter sein konnte, aber eben auch die nötige Distanz zu mir hatte, um nicht alles so ernst zu nehmen. Ihr Rezept zum „Kalifornischen Kaiserschmarren" endet mit der Zeile: „Nun stehle man ein Körbchen mit Beeren aus des Nachbars Garten und pflücke Minze gleich hinter dem Haus …"

Pischingerschnitten

Zubereitungszeit: ca. 30 Minuten

Zutaten für 4 Portionen:
3 Blatt Gelatine
2 cl Rum
200 g Nutella
300 g Obers/Sahne
70 g gehackte Haselnüsse
12 Waffelblätter
200 g dunkle Glasur
Haselnüsse zum Verzieren

Gelatine in kaltem Wasser einweichen, nach fünf Minuten ausdrücken und in heißem Rum auflösen. Unter das Nutella rühren. Obers nicht ganz aufschlagen, mit den gehackten Nüssen vermischen, unter die Nutella-Masse mischen.
Die Creme fünf Minuten im Tiefkühlschrank kühlen, danach zwischen die Waffelblätter streichen, mit Glasur übergießen. Mit Haselnüssen dekorieren.

Aus dem Rezeptbuch meiner Großmutter stammt dieses Rezept und die der folgenden Seiten.

Sie hat sie wiederum von ihrer Mutter, wie sie mir erzählte. „No ja", sagte sie, „das sind halt alles Friedenszeiten-Rezepte! Wir haben's auch anders erlebt, und es hat auch gehen müssen. Man muss die Zeiten nehmen, wie sie kommen, und danach kochen. Und genießen, Senta, die guten Zeiten genießen."
Als ich klein war, ging es meinen Großeltern gut, und ich wurde mit all den feinen Mehlspeisen verwöhnt, deren Rezepte sie mir in Kurrent (Sütterlin) geschrieben hinterlassen hat.

Topfentorte

Zubereitungszeit: ca. 30 Minuten

Zutaten für 4 Portionen:

Für den Biskuitboden:
3 Eier
3 EL Wasser
125 g Zucker
1 Pkg. Vanillezucker
125 g Mehl

750 g Topfen/Quark
180 g Zucker
4 Eier
1 Pkg. Vanillezucker
Saft einer Zitrone
1 große Dose Ananas

Alle Zutaten für den Biskuitboden vermischen und in eine Tortenform geben, 14 Minuten bei 160° C im vorgeheizten Backofen backen.
Topfen mit Zucker und Eiern, Vanillezucker und dem Zitronensaft vermischen, auf den Biskuitboden streichen, Torte im Backofen bei 150° C zwölf Minuten backen.
In den letzten fünf Minuten die Ananasscheiben auf die Masse legen, fertig backen.
Am besten noch warm servieren.

Rehrücken

Zubereitungszeit: ca. 50 Minuten/1 Stunde

Zutaten für 4 Portionen:
4 Eier
200 g Butter
180 g Zucker
200 g Mehl
1 TL Backpulver
30 g Kakaopulver
60 g Mandeln
60 g Schokolade
1 Pkg. Vanillezucker
1 Pkg. Schokoglasur
1 Pkg. gestiftelte Mandeln
Butter für die Form

Die Eier trennen, das Eiweiß zu steifem Schnee schlagen. Butter, Eigelb und Zucker schaumig rühren, dann Mehl und Backpulver dazugeben.
Kakaopulver, Mandeln, klein gehackte Schokolade und Vanillezucker unterrühren, den Eischnee zuletzt unterheben.
Masse in eine mit Butter ausgestrichene Rehrückenform füllen und circa 50 Minuten bei 200° C auf der dritten Schiene mit Unterhitze backen.
Achtung: In den ersten 20 Minuten den Backofen nicht aufmachen, da der Kuchen sonst zusammenfällt.
Rehrücken abkühlen lassen und nach einer Stunde mit Schokoglasur bestreichen, mit Mandelstiften spicken.

Semmerln aus Windmasse

Zubereitungszeit: ca. 20 min/3 Stunden

Zutaten für 4 Portionen:
6 Eiweiß
200 g Staubzucker
2 EL Maisstärke
2 Eigelb

Eiweiß mit Staubzucker und Maisstärke zu festem Schnee schlagen. Daraus auf ein Backblech mit Backpapier kleine Häufchen formen. Im vorgeheizten Backofen bei 60° C 20 Minuten trocknen.
Danach mit einem Messer die Häufchen Semmel-artig einschneiden und mit Eigelb bestreichen.
Weitere drei Stunden bei 60° C im Backofen trocknen.

Topfenknöderln à la Großmama

Zubereitungszeit: ca. 50 Minuten

Zutaten für 4 Portionen:
250 g Topfen/Quark
100 g Butter
2 Eigelb
2 EL Mehl
2 Semmeln/Brötchen
2 EL Zucker
Salz
Semmelbrösel
Zimt

Topfen mit zerlassener Butter, Eigelb und dem Mehl vermischen.
Die Semmeln in kleine Würfel schneiden und mit dem Zucker und etwas Salz vermischen, dazugeben.
20 Minuten rasten lassen.
Kleine Knöderln formen und fünf Minuten in Salzwasser köcheln lassen.
In Zimtbröseln servieren.

Vor meinem ersten Auftritt mit der „Annenpolka“, 1947

Einfache Kekse

Zubereitungszeit: ca. 1 Stunde

Zutaten für ca. 30 Stück:
280 g glattes Mehl
90 g Butter
90 g Zucker
1 Pkg. Vanillezucker
½ Pkg. Backpulver
1 Ei

Alle Zutaten rasch zu einem geschmeidigen Teig verarbeiten, mindestens zwanzig Minuten rasten lassen.
Danach dünn ausrollen und verschiedene Formen ausstechen.
Kekse im vorgeheizten Backofen bei 160° C goldgelb backen.

Schokoladebusserln

Zubereitungszeit: ca. 1,5 Stunden

Zutaten für ca. 30 Stück:
3 Eiweiß
250 g Zucker
250 g geriebene Haselnüsse
125 g geriebene Schokolade
1 Pkg. Vanillezucker
300 g Schokoglasur

Eiweiß mit Zucker zu einem festen Schnee schlagen. Haselnüsse, Schokolade und Vanillezucker untermischen, mit einem Kaffeelöffel aus der Masse kleine Häufchen auf ein Backblech mit Backpapier setzen.
Im vorgeheizten Backofen bei 100° C mindestens 40 Minuten backen.
Kalt werden lassen und mit der Schokoglasur überziehen.

Vanillekipferln

Zubereitungszeit: ca. 1 Stunde

Zutaten für ca. 30 Stück:
280 g Mehl
210 g Butter
140 g Mandeln, ohne Schale gerieben
100 g Staubzucker

Zum Glasieren:
250 g Staubzucker
2 Pkg. Vanillezucker

Alle Zutaten rasch zu einem geschmeidigen Teig verarbeiten, mindestens 20 Minuten rasten lassen.
Danach aus dem Teig kleine Röllchen formen und zu Kipferln drehen.
Auf ein Backblech mit Backpapier legen und im vorgeheizten Backofen bei 160° C goldgelb backen.
In der Staubzucker-Vanillezucker-Mischung wälzen.

Meine Mutter hat die besten Vanillekipferln der Welt gemacht.

Ich sehe sie vor mir, mit geröteten Backen über dem Backrohr, leicht aufgelösten Haaren, in ihrer von Mehl und Staubzucker bestäubten Schürze. Vom ersten Backblech wurde ein kleiner Teller zum sofortigen Naschen bereitgestellt – vor allem für mich und für meinen Vater. Später natürlich für meine beiden Söhne, die in der Küche schon darauf lauerten, sich endlich ein Vanillekipferl von Oma in den Mund schieben zu können – und noch eines und noch eines …
Dann wurden die Vanillekipferln, aber natürlich auch die anderen Kekse, die meine Mutter gebacken hatte, in große Weihnachtsdosen gepackt, die wir Jahr für Jahr wieder verwendeten und die mich heute noch an meine Kindheit erinnern. In jede Dose mit einem aufgemalten Christkind oder Weihnachtsbaum legt man ein Apfelspältchen. Zum Frischhalten bis Weihnachten.

Getränke

Kir Royal

Zutaten für 1 Glas:
2 cl Cassis
0,1 l Champagner

Beide Zutaten in einem Glas vermischen.

Als der Regisseur Helmut Dietl mir die weibliche Hauptrolle, die "Mona" in der Fernsehreihe "Kir Royal" anbot,

wusste ich nicht einmal, was das ist, ein „Kir Royal“. Helmut erklärte mir die Symbolik. „Kir Royal“ war das damalige Lieblingsgetränk einer gewissen Münchner Gesellschaft, auch „Bussi-Gesellschaft“ genannt, deren hauptsächliches Anliegen es war, „unter sich“ zu bleiben und sich in den gerade entstehenden Medien, wie Klatschspalten in den Zeitungen, Gesellschaftsmagazinen und einschlägigen Berichten im Fernsehen, einen Platz zu erobern. Mit allen Mitteln. Ein bissiger, ein saftiger Komödienstoff. Niemand von uns ahnte damals – es waren die späten Achtziger –, dass „Kir Royal“ zur absoluten Kultserie werden würde. Ich habe so viel „Kir Royal“ während der Dreharbeiten trinken müssen – nein, nicht mit Champagner, mit Sprudelwasser, schließlich musste ich ja noch meinen Text können –, dass ich jahrelang nicht mal die Farbe von „Kir Royal“ im Glas aushalten konnte.

Jetzt geht's wieder. Ich bin ganz froh darüber. Es ist ja nicht nur der Genuss. Es ist die Freude des Sicherinnerns. Des Zurückdenkens.

In „Kir Royal“

Sorbet

Zutaten für 1 Liter:
6 reife Pfirsiche
250 g Zucker
1 Zitrone

Die Pfirsiche schälen und entsteinen, mit einem Liter kaltem Wasser pürieren.
Mit Zucker und dem Zitronensaft vermischen.
Masse in ein flaches Geschirr geben und frieren, immer wieder umrühren.

Erdbeer-Minz-Sekt

Zutaten für 1 Glas:
30 g Erdbeeren
1 EL brauner Zucker
0,1 l Sekt
2 EL gehackte Minze
Minze zum Dekorieren

Die Erdbeeren mit dem Zucker und der gehackten Minze pürieren.
In ein Sektglas füllen und mit eiskaltem Sekt auffüllen.
Mit Minze dekorieren.

Prosecco mit Pfirsichmark

Zutaten für 1 Glas:
1 Weingartenpfirsich
2 EL Zitronensaft
0,1 l Prosecco

Pfirsich schälen und entsteinen, mit dem Zitronensaft pürieren.
Das Mark mit dem Prosecco vermischen.

Cocktail Cherry Lady

Zutaten für 1 Glas:
4 cl Cherry Brandy
4 cl Champagner
2 Cocktailkirschen
Minze
Crashed Ice

Ein Glas mit Eis füllen. Alle Zutaten dazugeben und vermischen.
Mit einem Löffel verrühren und mit Minze servieren.

Sommerbowle

Zutaten für 12 Gläser:
1 l Apfelsaft
4 EL brauner Zucker
4 Marillen
400 g gemischte Beeren
2 cl weißer Rum
1 l Prosecco
Minze zum Garnieren

Alle Zutaten gut kühlen.
Danach miteinander vermischen und mit Minze garniert servieren.

Meine drei Männer haben im Sommer Geburtstag.

Mein Sohn Simon im Juni, mein Mann Michael im Juli und mein zweiter Sohn Luca im August. Es liegt also nahe, dass diese Bowle mit wechselndem Obst ganz ideal ist für unsere kleinen Sommerfeiern. Aber es sollte schon ein sehr guter Wein sein, finde ich.

Kirschenlimonade

Zutaten für 2 Liter:
1 kg Sauerkirschen
100 g Zucker
4 cl Rum

Kirschen entstielen, entkernen (15 Kerne aufheben), in einen Topf geben und mit einer Gabel andrücken.
15 Kerne zerdrücken und zu den Kirschen geben, mit einem Liter kochendem Wasser übergießen.
Den Zucker untermischen, Limonade zwei bis drei Stunden ziehen lassen.
Durch einen Filter gießen und mit Rum abschmecken.

Mandelmilch

Zutaten für 1,5 Liter:
125 große Mandeln
750 ml Milch
100 g Zucker

Mandeln kurz in Wasser kochen und dann von der Schale befreien. Abkühlen lassen und reiben.
Geriebene Mandeln in dreiviertel Liter Wasser aufkochen, eine viertel Stunde köcheln lassen. Durch ein Tuch gießen. Kühlen.
Vor dem Servieren mit kalter Milch und Zucker vermischen.

Hoppelpoppel

Zutaten für 4 Gläser:
4 Eigelb
3 EL Zucker
250 ml Obers/Sahne
Muskatnuss
125 ml Rum

Eigelb mit Zucker und Obers aufschlagen. Mit geriebener Muskatnuss würzen.
Rum dazugeben und Getränk vor dem Servieren kalt stellen.

Punch Romaine

Zutaten für 1 Liter:
500 g Zucker
Schale von 2 Orangen
Schale von 2 Zitronen
0,33 l Champagner
0,33 l Rum
4 cl Ananassirup

Zucker mit den geriebenen Schalen von Orange und Zitrone mit Wasser auflösen. Frieren und immer wieder umrühren.
Wenn die Masse gefroren ist, mit Champagner, Rum und Ananassirup vermischen und sofort servieren.

Grog vom Ei

Zutaten für 1 Glas:
2 EL Zucker
1 Eigelb
4 cl Rum

Zucker mit dem Eigelb fest schlagen. Rum erwärmen und rasch unterrühren.
Mit kochendem Wasser auffüllen.

Holländer Winterpunsch

Zutaten für 12 Portionen:
8 cl Arak
100 g Staubzucker
2 Zitronen
0,5 l Wasser

Arak mit Staubzucker in einem Topf zum Schmelzen bringen.
Mit Zitronensaft ablöschen und mit Wasser aufgießen.

Heute weiß ich, wie geborgen ich aufgewachsen
bin, – wie beschützt ich als junge Frau war.

Register